2018年度安徽省教育科学研究项目（重点项目）
“核心素养视域中思想政治活动性课程的实践研究（编号JKZ18009）”阶段性成果

我的政治课讲台

“四维三度”教学策略实施

张立华 ◎著

安徽师范大学出版社
·芜湖·

图书在版编目(CIP)数据

我的政治课讲台:"四维三度"教学策略实施 / 张立华著. — 芜湖:安徽师范大学出版社,2019.9

ISBN 978-7-5676-4336-9

Ⅰ.①我… Ⅱ.①张… Ⅲ.①政治课-教学研究-高中 Ⅳ.①G633.202

中国版本图书馆CIP数据核字(2019)第194290号

我的政治课讲台——"四维三度"教学策略实施

张立华◎著

责任编辑:吴 琼 王 婷

装帧设计:张 玲

出版发行:安徽师范大学出版社

芜湖市九华南路189号安徽师范大学花津校区

网 址:http://www.ahnupress.com/

发 行 部:0553-3883578 5910327 5910310(传真)

印 刷:江苏凤凰数码印务有限公司

版 次:2019年9月第1版

印 次:2019年9月第1次印刷

规 格:700 mm × 1000 mm 1/16

印 张:11

字 数:200千字

书 号:ISBN 978-7-5676-4336-9

定 价:30.00元

前　　言

2017年教育部颁布了《普通高中思想政治课程标准（2017版）》（以下简称“17课标”）。联系以学科核心素养为特征的新课程理念，参照《2017年普通高等学校招生全国统一考试大纲》中思想政治部分，在新形势下，我们对考纲、课标与教学的关系进行了探索性研究。这本专著就是我们的研究成果之一，也是2018年度安徽省教育科学研究项目重点项目之一——“核心素养视域中思想政治活动性课程的实践研究”（编号JKZ18009）的阶段性成果。

新时代高考作为素质教育中不可缺少的一环，将基础教育和高校一并视作主要服务对象，在保证选拔区分功能的同时，强调育人功能。教育部考试中心构建的“一核四层四翼”高考评价体系，以“立德树人、服务选拔、导向教学”为核心立场。“立德”强调了社会主义核心价值体系为核心的“情感、态度、价值观”的统帅作用。无论是新颁布的“17课标”，还是正在进行的高考考试内容改革，都坚守着这一教育的实质和核心，践行着“培养什么人、如何培养人、为谁培养人”这一教育的根本任务。从立德树人出发，高考考查内容包括“必备知识、关键能力、学科素养、核心价值”四个方面（四层考查目标），这也是学生发展核心素养的目标和国家课程标准的追求。“四翼”即强调考查的“基础性、综合性、应用性、创新性”，回答了“怎么考”的问题。

在这一背景下，以思想政治学科核心素养为视域，利用“一核四层四翼”体系，结合一些前沿实践探索，我们挖掘出了一套适合本学科特有的活动型学科课程教学与评价的新框架——“四维三度”分解法。并进一步利用这一框架，在“活动型学科课程”的新场景中，尝试进行系列教育教学实践，取得了一定的影响和效果。

为贯彻党的十九大强调的教育方针，体现中国特色社会主义思想政治教育的鲜明特征，处理好招生、教学、课程三者之间的关系，就需要我们不断地去研究探索和实践。希望通过本书的阐释，我们能用思想政治学科的奋进之笔，描绘出教育未来发展的崭新蓝图。

张立华

2019年1月6日于马鞍山市第二中学

目　录

第一章

“四维三度”体系的基础架构

思想政治学科高考“考试说明”界定的学科能力考核目标有四项，每项又有三个层级的要求，组合成“四维三度”结构的评价体系。这一结构与“可观察的学习成果结构（Structure of the Observed Learning Outcome，SOLO）”理论阐释的“四层五级”螺旋式结构高度类似。依此评价体系构建教学情境，可提升学生学科素养和核心价值的程序化水平，能科学有序地培养出学生问题解决能力。

《2019年普通高等学校招生全国统一考试大纲的说明（文综政治）》（以下简称“考试说明”），进一步完善了核心素养教育范式下高考“为什么考”“考什么”和“怎么考”的理论架构。它明确“立德树人、服务选拔、导向教学”这一高考核心立场，依托“必备知识、关键能力、学科素养、核心价值”四层考查目标，同时对“基础性、综合性、应用性、创新性”这四个方面进行了有针对性的要求。参考“考试说明”提供的16道例题阐释，结合其界定的12个方面的学科能力考核目标与要求，我们可以构建出可观察的“四维三度”结构。该结构能够对高考试题进行清晰地结构化分解。以此为基础，我们发现高考命题正从能力立意范式向核心素养立意范式转变，理解教育改革背后的心理学支撑和教育学基础，最终更好地实现高考改革引领教学改革的功能。

一、“四维三度”分解法

恢复高考初期，命题的理论支撑是布鲁姆的目标分类理论。经历40年的高考命题实践，教育部门的专家学者逐渐认识到布鲁姆的目标分类理论主要服务于教学测量与评价，不完全适用于大规模的常模参照性考试。依照国家政策和高考改革的需要，思想政治课高考命题研究也取得了重大进展，逐步形成了现在“考试说明”上看到的学生能力与素养要求的目标考核体系。该体系包括“获取和解读信息”“调动和运用知识”“描述和阐释事物”“论证和探究问题”四个大项的主体目标，每个主体目标又被细化成三级小要求，组合成12个有差别的层级考核目标体系。笔者根据这些目标要求之间内在的关联性，借用一个坐标空间，结构成了可观察的考核目标“四维三度”分解法。

（一）“四维三度”分解法潜在的理论渊源

“四维三度”分解法，在质的方面，对高考考核目标与要求进行了四个维度的学习要点分层；在量的方面，又对每个学习要点进行了三个数量级别的区分。这与“可观察的学习成果的结构”（Structure of the Observed Learning Outcome ,SOLO）理论阐释的“四层五级”螺旋式结构存在较明显的相似性。

皮亚杰的“认知发展阶段论”的核心观点认为在学习成长的整个过程中，儿童认知的发展是有阶段性的。认知水平不同的阶段有着质的区别。。比格斯和他的同事在皮亚杰的基础上进一步研究，发现人的认知不仅在总体上具有阶段性的特点，在对具体知识的认知过程中，也同样地表现出阶段性的特征。他们最终以此为前提，建构形成了一套完整的观察学习者学习成果的SOLO系统分析工具。该系统标称，从复杂性角度观察，学习的结果主要包括两个方面。第一个方面表现在量上，即学习者学习到的要点的数量。这一数量级别被标成五个水平层次：“前结构”“单点结构”“多点结构”“关联结构”和“拓展抽象结构”①。二是质的方面，即如何建构学习要点。这一质的级别被划分为“感知运动”“直觉”“具体思运”“形式思运”四种方式。五个阶段的量的累积产生一次质的飞跃，再进入更高层次的五个阶段的量的积累。具体知识的学习就是如此反复四次，螺旋式上升的过程。

经过分析我们发现，“四维三度”架构与SOLO分类法有着紧密的内在关联，借助前者可以观察到个体学习新知识过程中表现出来的思维阶段。它符合人类的认知规律，能很好地解释人在学习不同任务时的不同表现。

（二）“考试说明”提供的“四项三级”能力表格

2017版的“考试说明”对思想政治学科能力目标与要求进行了明确界定。这些要求如表1-1所示。

表1-1 “考试说明”对思想政治学科能力目标与要求的界定

	获取和解读信息	调动和运用知识	描述和阐释事物	论证和探究问题
1	从试题的文字表述中获取回答问题的有关信息	有针对性地调动有关学科知识，做出正确的判断	准确描述试题所涉及的学科基本概念、观念和原理	针对具体问题提出体现科学精神和创新意识的创见性作答
2	从试题的图表等形式中获取回答问题的有关信息	调动和运用自主学习过程中获得的重大时事信息和相关信息	运用历史的、辩证的观点和方法，分析有关社会现象，认识事物的本质	整合学科知识和方法，论证或探究问题，得出合理的结论
3	准确、完整地理解并整合所获取的有关信息	综合检索和选用自己的“知识库”中的有关知识和技能	全面阐释或评价有关理论问题和现实问题	用顺畅的语言、清晰的层次、正确的逻辑关系，表达出论证、探究的过程和结果

依据上表，我们再利用一个坐标空间的四个维度对这四项能力进行可观察的标识，如图1-1所示。在图1-1中，以O点为中心，“获取和解读信息”能力标注在右轴上，“调动和运用知识”标注在上轴，“描述和阐释事物”标注在左轴，“论证和探究问题”标注在下轴。

“获取和解读信息”是考生分析解答问题的起点，在四项能力中处于基

①[澳]彼格斯，科利斯．学习质量评价：SOLO分类理论 可观察的学习成果结构[M]．高凌飙，张洪岩译．北京：人民教育出版社，2010:18-24.

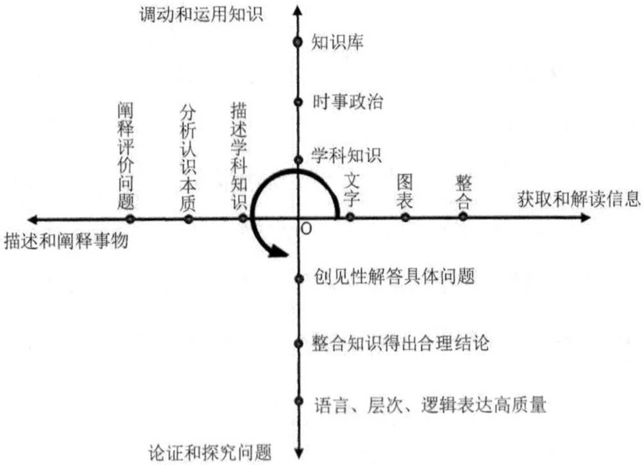

图1-1 考核目标的维度与刻度

础地位，情境的理解、审题的精准、答题的质量和速度都受它影响。一般情况下，完整解读图表包含的信息比解读文字需要付出更多的思维努力，体现的认知能力层级更高。准确、完整地理解并整合所获得的文字、图表信息，又对认知整合能力提出了更高的要求。这样，在"获取和解读信息"这个轴上，可以按照距离O点的远近，将这三个层级的能力目标与要求标注成三个刻度：文字、图表、整合（信息）。

知识内容是各类能力考查中较为明确的一个基本维度。在素质教育的发展过程中，存在着轻视知识的倾向，将知识、能力和素养三者割裂开来，或者将知识视为能力和素养的对立面，认为积累知识与培养能力是矛盾的，或者站在素养综合性的角度认为知识已经过时。这些看法不仅是机械的，而且是错误的。首先，三者既各自存在，又互相关联，不存在脱离了知识的能力，更不存在脱离了知识和能力的素养；其次，素质教育是全面的教育，高素质的学生必然是在知识方面有较多积累、在能力和素养方面有较好发展的学生。因此对知识内容的考察是一个不可缺少的评价与教育维度。

我们按照知识熟悉程度的复杂化特征，将"考试说明"中"调动和运用知识"下的三层能力目标与要求被简化成"学科知识""时事政治"和"知识库"三个刻度。在坐标图上"描述和阐释事物"维度，也对应"考试说明"的分级划定为三个刻度。对照"论证和探究问题"维度下的三层要求，参考问题解决的创新性以及分析复杂问题的逻辑清晰度等指标，也标定了三个刻度。这样思想政治课细化的考核目标与要求就被标注在一个有刻度的可量化的坐标系中了。

（三）“四维三度”的多维组合

四项能力不是彼此孤立的，层级高的学科能力离不开层级低的能力。这种关联有二维的、三维的甚至是四维的。

1）**考核目标的二维组合**。按照现实的关联程度，四项能力下的分级目标两两配对，即可形成如图1-2坐标系中各虚线框体标示的考核目标二维体系。

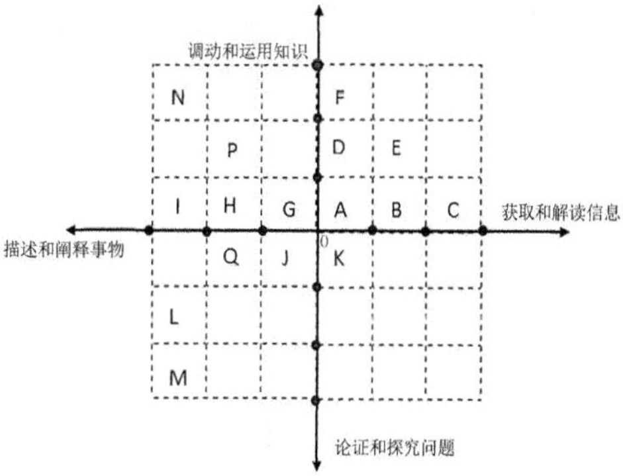

图1-2 考核目标的二维体系

能力的展现离不开信息情境，也离不开学科知识支撑。以文字信息为纬，学科知识为经，构成了A能力目标组合（图1-3所示）。

当A以简单的文字与熟悉的学科知识结构呈现时，就构成了基础的学科能力考核情境。比如2017年高考全国文综I卷（以下简称“17年I卷”）第20题①“……《巴黎协定》要求……，体现的唯物辩证法道理是”，就结构成具体的A情境。

如果情境中仅仅出现“……坚持了发达国家与发展中国家共同但有区分的责任原则”这些文字信息，在坐标系中它只能被标识为一条一维的线段，对其解读将无限开放，无法保证其政治学科特征。当以“唯物辩证法道理”对信息的解读进行限定后，能力考核的目标就被锚定在思想政治学科情境中了。这一组合就被标识为坐标系中的二维能力框

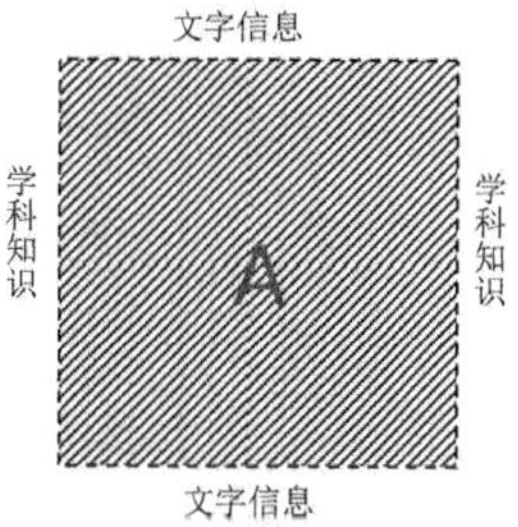

图1-3 二维能力框体A

①原题情景为：2015年12月联合国巴黎气候变化大会通过《巴黎协定》要求，各国以“自主贡献”的方式参与全球应对气候变化行动，发达国家继续带头减排，并对发展中国家减缓和适应气候变化提供资金、技术和能力建设的支持。协定坚持了发达国家与发展中国家共同但有区分的责任原则，这一原则体现的唯物辩证法道理是

体A（图1–3中的阴影部分，即图1–2中的A框体）。

完成该情境规定的任务，就能考查学生“从文字信息中获取回答问题的信息，有针对性地调动唯物辩证法这一学科知识做出正确的判断和推理”的学科能力，展现“科学精神”这一学科核心素养。这是试题对一个二维的学科能力考核目标与要求的量化界定。

将A组合横轴的“文字信息”更换成“图表信息”，组合将以图1–4所示的B框体（图1–2中的B）呈现。提高情境背景信息的复杂性，将横轴上的刻度换成“整合”有关信息，框体C出现（图1–2中的C）。

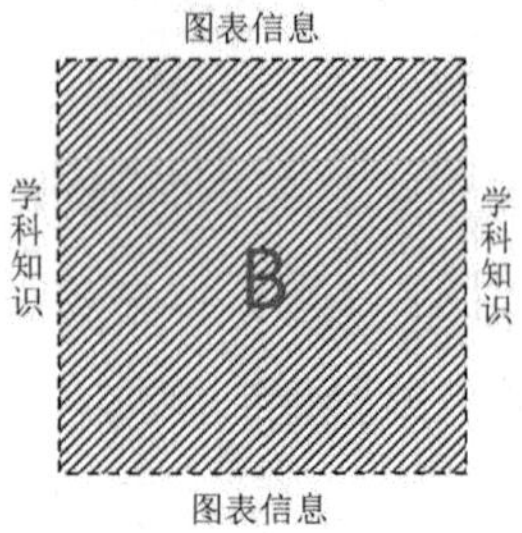

图1–4　二维能力框体B

一般意义上，C框体的信息部分，应该是由文字和图表构成的一个混合复杂情境。但由复杂而不熟悉的文字信息也可构成一个较高层次的C能力考查情境。比如“17年Ⅰ卷”第14题，提供的信息是“国内生产总值（GDP）表示一个国家（或地区）在一定时期（通常为一年）内所生产的最终产品和劳务的价格总和”，虽然此说法在人教版教材86页出现过，但很多同学并没有深刻理解。当此题出现时，学生需要“准确、完整地理解并整合所获取的有关信息”并“有针对性地调动有关学科知识，做出正确的判断”。这就形成一个由比较复杂的陌生文字信息构成的C层级的能力考查情境。当然如果学生在平时的学习中已经完成了对GDP的详细理解与训练，此题情境的层级就又另当别论了。

保留A组合横轴刻度，改变纵轴指标。图1–2中的D框体就表达了以自主学习的“时政知识”对“文字信息”进行解读的二维能力目标要求。“17年Ⅰ卷”第15题就是一个典型的D层级示例。F框体要求“调用知识库知识”对“文字信息”进行解读。依此类推，在“获取和解读信息”与“调动和运用知识”这两个维度组合中，可以合成对9个不同层级的二维能力考核（图1–2第一象限中的9个框体）。图1–2坐标系中其他象限的考核目标框体的获得，依据的方法路径与此类同。

2）**考核目标多维度组合**。展现“描述和阐释事物”能力，要依托对信息的解读，必须调用一定的学科知识。比如，图1-5所示的A+G结构，是由“文字信息”+“（调用）学科知识”+“描述学科知识”三个维度结构成的多维能力组合。

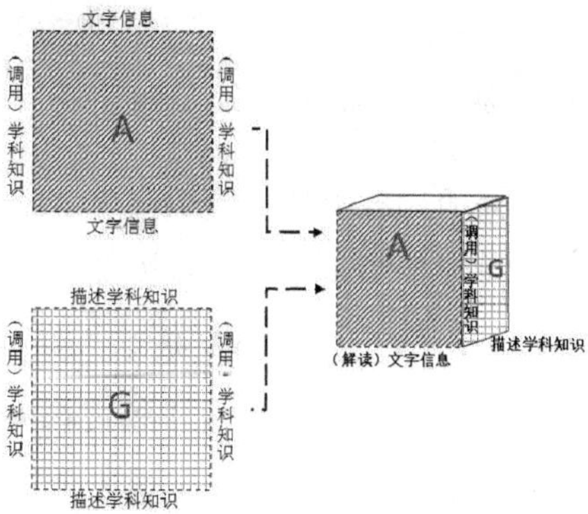

图1-5　多维度A+G结构

“获取和解读信息”与“调动和运用知识”组合形成的二维考核情境，与“描述和阐释事物”或者“论证和探究问题”再次组合，构成三维甚至是四维能力目标考核体系。如果在四维层面对四项能力进行全面展示，这种组合又将会以多边形态出现。比如F+N+M（图1-6所示），就结构成“整合知识库中的文字信息”“通过阐释与评价问题”达到“高质量地论证和探究问题”，最终找到有创见性地解决问题的方法。这是一种高阶和综合能力的展现过程。

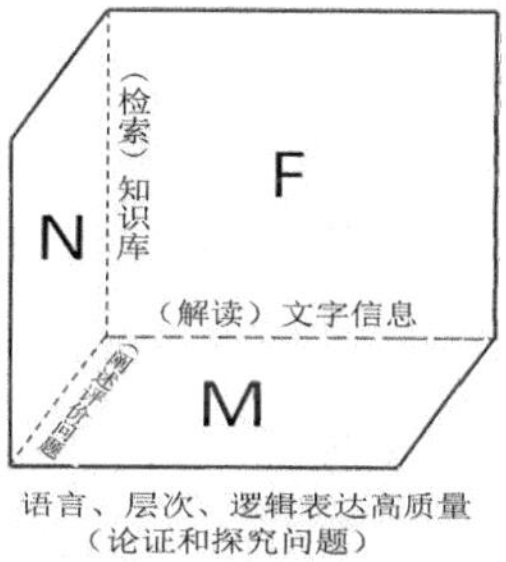

图1-6　高维度能力考核情境模式

二、“四维三度”分解法在两类教学中的应用

“立德树人、服务选拔、导向教学”是高考的核心立场。“考试说明”不仅要告诉我们怎么考，而且要引导我们怎么教。利用“四维三度”分解法，我们能编制出对学习者的学习结果进行观察的试题，也能设计出梯度推进的教学辅助情境。

通常情况下，教学情境被区分为封闭式和开放式两种，以此为基础设计的课程和教学活动也相应地被划分为两类。虽说这两类模式在教学形式上是彼此对立的，但内涵丰富的“四维三度”分解法却可以把它们有效地统一在以学科核心素养为特征的教育范式中。

（一）设计封闭式的“四维三度”情境，有针对性分层级地提升学生的关键能力

封闭性教学情境指的是那些任务指向单一，问题解决方式特定，更多地依托虚拟的结构化的手段设计出来的情境。日常教学中，封闭性情境更经常地被教师使用，也容易被学生理解接受。这并不是否定开放式学习的重要性，而是因为每一种教学模式都有开放性和封闭性的特征。“过于开放的情境不利于有针对性地、锚定式地训练和评价学生的某项学科核心素养，也不利于教学效果评价的客观性，因而教学及其评价情境应该有适度的封闭性。”①

SOLO理论认为，当学生处在需要做出决定的情境时，有两组因素有助于确定他的行为：一是他所拥有的、来自情境的信息；二是他使用信息的方式，这受他自身的内生因素（例如工作记忆、一般认知能力等）限制。

为提高学习者对情境信息解读的熟悉程度，“四维三度”分解法依托文字、图表以及整合的信息，再参考考点范围，利用教材及有选择的时政资讯，结构出体现不同思维层次的包含必备学科知识调用的问题。梯级量化的能体现教育目标的任务情境就这样被创设出来，从学习者的认知发展水平的第一个影响因素出发，引导教学进度。

当需要引导学生科学地使用信息时，“四维三度”分解法能根据学习结果的复杂性从量和质的两个方面设计出螺旋型的训练情境。利用信息解读开展一维能力训练，利用知识、时政、题型专题开展二维能力训练，通过整合基础知识、基本技能、基本方法训练学习者的多维能力。完成这些封闭性的结构化的典型情境任务，学生的思维将逐步历经“前结构水平、单点结构水平、多点结构水平到关联结构水平直到拓展抽象水平”。这一过程以量的突破带动质的改变，让学生能够看到希望，激发学习者完成任务的动机。

①陈友芳.情境设计能力与学科核心素养的养成[J].思想政治课教学，2016(9):5.

（二）设计开放式的“四维三度”情境，程序化学生的学科核心素养

开放性教学情境指的是那些来自复杂的真实生活，问题指向多元化、多视角，任务解决方式也不唯一，激发学生去发现、去探究的情境。它遵循“过程导向”，而不只是要求学生学习到一些知识的“内容导向”。新课程关注的焦点是开放式，教学中要为学生提供包含各种信息，呈现形式多样，思维要求不同的开放性的问题解决情境。通过特定的开放性的教学体验来影响学生，提高学生运用所学知识分析问题、解决问题的能力。

“四维三度”分解法依托的SOLO分类理论本身就不把学生的学习结果简单地划分为对或错两种结果，而是引导学习者在不同的认知水平层级上学习。当学生只能达到较低层次的思维水平时不能强行带领他们进入较高水平的学习，教学的空间只能在量的级别上展开，以期逐步在量的累积下渐进地为质的提升提供可能。每个层级上的学习都要由量变到质变地螺旋形地开放性地展开，最终引导学生能够独立地综合地完成“描述与分类”“解释与论证”“预测与选择”“辨析与评价”这些思想政治学科任务。在这个过程中学生解决现实问题的主动性和创造性将得到提升，学科核心素养将被程序化。

三、“四维三度”分解法在两类评价中的应用

标准参照评价与常模参照评价是考试评价的两套体系。标准参照评价，是“以具体体现教学目标的标准作业为依据，确定学生是否达到标准以及达标的程度如何的一种评价方法”。阶段性教学测评、学业水平考试采用的是标准参照评价。常模参照评价，是将被评价的学生与其他有相同或者类似学习经历的学生相比，根据其在团体中的相对位置（或名次）来报告评价结果。高考、学科竞赛等选拔性考试就是常模参照评价。

（一）对“考试说明”示例情境的扩展分析

“考试说明”提供的由7个选择题和9个材料分析题组成的例题解析，5

个选择题和3个材料分析题题组成的题型示例，显然是为高考这样的常模参照评价而设计的。这些检测试题，符合SOLO体系的一般要求：不是根据学生总体上的思维水平对学生进行分类，而是对学生的每个反应进行分类。因此，对其稍加修改也能满足标准参照评价的要求。标准参照评价是否有意义，取决于教师编制的试题的代表性与难度是否符合教学目标及教学内容的要求。做到这些，诊断学生知识、技能的掌握情况，也能通过为常模参照评价编制的试题进行。下面以“考试说明”题型示例中提供的一个材料分析题为例，用“四维三度”分解法对其进行一次分析论证。

情境再现

被授予“国家杰出贡献科学家”荣誉称号的钱学森认为，他的人生受益于中学教育。他常常深情地回忆自己的中学生活：

化学教师特别重视化学实验和培养学生对科学的兴趣，化学实验室随时开放，学生进出自由，我那时做了许多实验。生物教师常带领学生去野外采集标本，教学生解剖蜻蜓、蚯蚓和青蛙，我用在野外抓到的蛇制作了标本。学校组织各种课外小组，开设无机化学、诗词、音乐、伦理学等选修课。师生常常一起讨论数学、物理、化学等问题，大家都畅所欲言、无拘无束。大家都不怕考试，没有人为考试而开夜车，更没有人死背书，有一位数学教师在给学生的测验评分时独出心裁，出5道题，学生都答对了，但解法平淡，只给80分；如果答对4道，但解法富有新意，就给100分，还另加奖励。民主、开拓、创新的学校文化深深地感染着每一个学生。

进入新世纪，围绕推进素质教育，培养创新型人才，各地进行了新的探索：课程超市、创意集市、探究性学习、名家讲坛……取得了丰硕成果。在中学教育改革不断深化的今天，钱学森的中学学习经历可以为我们提供启迪。

①结合材料，运用文化创新作用的知识，说明教育创新对培养人才的意义。

②有人从钱学森的经历中得出结论：“有什么样的教学观念，就有什么样的学生。”你如何评价这种观点？请运用意识作用的原理说明理由。

③结合材料，就教育创新拟定两条公益广告词，要求主题鲜明、朗朗上口，每条限15个字以内。

1）**试题考核目标的“四维三度”分解**。按照“四维三度”分解法的基本分析原则，此题背景材料属于文字信息，情境是学生熟悉的话题；结构不复杂，没有很高的阅读难度；后面有三个设问指向对应的学科任务。

第一问是“结合材料，运用文化创新作用的知识，说明教育创新对培养人才的意义”。其中“结合材料，运用文化创新作用的知识”，结构成一个框体A（如图1-7）模式的考核情境。“结合材料”构成横轴，限定文字信息的范围，“运用文化创新的作用”界定纵轴，限定学科知识调用。完成这一任务，能展现学生“从文字信息中获取必要的信息，调动文化创新的作用这一学科知识，并最终做出一定的判断和推理”的能力。设问的剩余部分“说明教育创新对培养人才的意义”与“运用文化创新作用的知识”相结合，又能结构成对学生“调动文化创新的作用这一学科知识，对教育创新的意义进行阐释与评价”能力的检测模型。

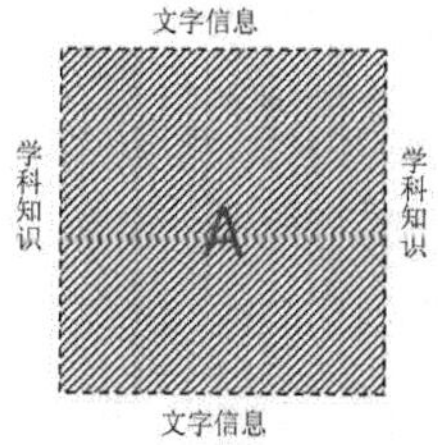

图1-7 二维能力框体A

第二问是“有人从钱学森的经历中得出结论：‘有什么样的教学观念，就有什么样的学生。’你如何评价这种观点？请运用意识作用的原理说明理由。”按照“四维三度”分解法，该设问中“有什么样的教学观念，就有什么样的学生”界定需要解读的信息范围，“运用意识作用的原理”界定调用的学科知识，“说明你的评价理由”要求学生展示阐释评价问题的能力，“如何评价这种观点”指向整合知识得出复杂结论这一目标要求。这是一个如图1-8所示的高维度的能力考核情境模式。

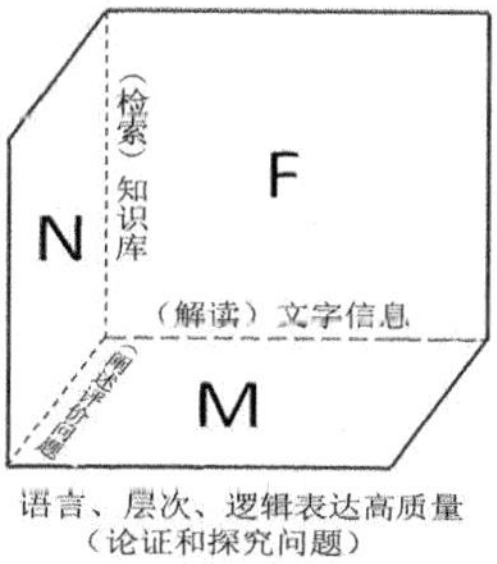

图1-8 高维度能力考核情境模式

2）**试题解答要求中体现的“四维三度”目标特征分析**。针对上题的第二问，“考试说明”提供了带有评分量表的两个不同的参考答案。我们看到这个评分量表和SOLO工具指向的评价要求不尽相同。SOLO追求的是观测学生的思维层级的分类，它不关注学生学习了多少事实和细节。而“考试说明”提供的评分量表则关注事实和细节，在量表提供的“等级描述”中对“知识要求”有明确的描述。这是由高考对效度与信度有很高要求的特殊性决定的。

“考试说明”提供的两个评分量表标注的最高水平要求“水平4”对应的SOLO分类只达到了“关联结构水平”层次，并未指向最高层次的“拓展抽象水平”。这一最高水平层次的评分通常难以量化描述，不便于在高利害性的常模评价中实现。但这一层次的目标要求却是以“核心素养”为特征的新一轮课改的必达目标，也是核心素养教育范式下高考所要完成的“四层考查目标”在“关键能力”之后的“学科素养、核心价值”的题中之义。

SOLO理论告诉我们，只有具有较高的内在动机、寻求意义、避免死记硬背事实和细节的学生才能取得高素养层次，但那些熟记事实细节并使用机械式学习策略的学生，会在记忆性检测中得到高分。“考试说明”提供的评分量表虽然不是仅指向记忆性的事实和细节，但也未回避在这方面进行量的描述，这就难免被误解为新体系依然是知识立意。为避免此类误解继续影响日常教学，实践中就需进一步研制出更多典型的能在更高级层级结构上实践“四维三度”考核目标体系的试题。

（二）“四维三度”分解法在“17年Ⅰ卷”材料分析题中的应用

“17年Ⅰ卷”政治部分有12道选择题和3道材料阅读题。上文已经借用了一些题目的情境，初步分层量化了考核目标的二维结构。下文以第38题为例，在“四维三度”的全坐标体系中对考核情境的指向目标要求进行进一步分级与量化，这是一次多维组合分析的尝试。

信息情境

我国是一个消费品制造大国，也是消费大国。

目前，我国生产的消费品中，家电、塑料、五金、食品、陶瓷等行业100多种产品产量居世界第一。其中，家电、制鞋、棉纺、服装等产能占全球的50%以上。

据统计，2005—2014年我国境外消费年均增长25.2%，是同期国内社会消费总额增速的2倍。2016年我国出境人次达1.35亿，境外消费达2600多亿美元，其中一半以上用于购买服装、化妆品、箱包、奶粉、手表等商品。2016年中国奢侈品消费超过1100亿美元，其中76%的消费发生在境外。

上述材料反映出我国消费品供给存在什么突出问题？我国生产企业应如何应对？

此题背景信息由文字构成，是学生熟悉的消费话题，指向的却是供给侧，结构不算复杂，阅读难度看似不大。设问由两部分构成。

第一部分是“上述材料反映出我国消费品供给存在什么突出问题”，这是一个由图1-2框体D与P结构成的较复杂的能力目标考核情境。

“上述材料”指向的信息构成横轴，限定文字信息的范围，“消费品供给”界定纵轴，限定知识调用，两者构成框体D。设问的剩余部分“存在什么突出问题”与“消费品供给”一起结构成P框体，即“调动关于消费品供给的学科、时政知识和相关信息，对信息中存在的问题进行分析”。D+P界定学科任务，组合成一个三维的学科能力目标考核体系。完成它，要求学生具有“从文字中获取回答问题的信息，有针对性地调动消费品供给这一有学科与时政背景的知识，对信息中存在的问题进行正确地分析”这一能力目标达到的层次水平，从而展现学生具备的学科核心素养。

第二部分是“我国生产企业应如何应对”，按照“四维三度”的坐标体系，这部分与第一部分组合，构成一个D+P+Q的四维能力目标考核要求。即“上述材料”界定要解读的文字信息，“消费品供给”界定调用的知识体系，“存在什么突出问题”要求学生展示分析问题的能力。“我国生产企业应如何应对”指向进行体现科学精神和创新意识的创见性作答，这是第四个维度的目标要求。这一组合指向的学科任务与展现的学科核心素养比第一部分设问界定的三维组合，在层级与量化上又不可同日而语。

同样是该卷第39题，设问“结合材料，说明为什么必须由全国人大常委会对香港基本法第一百零四条作出解释以及这一解释的重要意义”，是一个A+G和F+N结构的两问组合。第40题，第一问“《中国诗词大会》是传承中国优秀传统文化的成功案例，运用文化生活知识说明其成功的原因”，是一个F+N结构。第二问“结合材料，运用社会历史主体的知识说明在传承发展中华优秀文化中如何坚持以人民为中心”是一个A+G+J结构。最后一问，“请就学校如何开展中华优秀文化教育提两条建议”具有开放性特征，可被定位到图1-2标注的K框体。

这样，结合“17年Ⅰ卷”的部分政治试题，依托设问限定的学科任务指向，运用“四维三度”的坐标体系，可以初步实现对各试题考核的学科能力目标与要求进行分级与量化限定。虽然更深层次的量化区分还需要进一步的研究，可能还要借助一些其他的指标参数（比如情境的复杂性，问题的复杂化指标等），但实践证明这一方法也许对我们的教学备考有一定的价值。

第二章

“四维三度”架构下情境的量化设计

基于思想政治学科核心素养的教学，离不开创设合适的问题情境。根据情境的复杂性和复杂化，问题解决手段的熟悉情况与个体研究参与程度，以及学科任务层级指向等三个要素指标，可以对思想政治学科问题情境进行结构性分析。以此为基础，我们将能把握学科问题情境设计的指标体系，这对教学策略与命题范式的转变有一定的实践意义。

“17课标”指出，在真实的情境中提出问题、分析问题和解决问题是学科素养发展的主要途径。基于核心素养本位的，构建中的思想政治学业水平考试命题框架也依赖于评价情境的差异性创设。构建基于思想政治学科核心素养本位的问题情境，把握学科问题情境设计的结构性指标，成为推进学科核心素养教育和学业水平测量领域面临的一个非常有意义的问题。

一、思想政治学科问题情境的界定

思想政治学科情境和学科问题互为补充。思想政治学科情境，即由一定政治、经济、文化等社会性主体，与特定的学科应用场景构建成的信息集合体。思想政治学科问题即围绕思想政治学科某个主题（或核心素养），由情境的立意自然延伸而来，直接限定人的思维方向、内容、程度等，以引发或展示主体的思维活动，完成特定学科任务的命令设计。简言之，学科情境主要是一个主体和一个背景，学科问题至少要通过一个障碍、一个有待完成的任务、一些要联结起来的信息来定义。学科问题依赖于情境的展开，两者结合是问题情境的一般性特征（如图2-1）。这些特征要素是我们进一步研究思想政治学科问题情境的结构性的一个重要抓手。

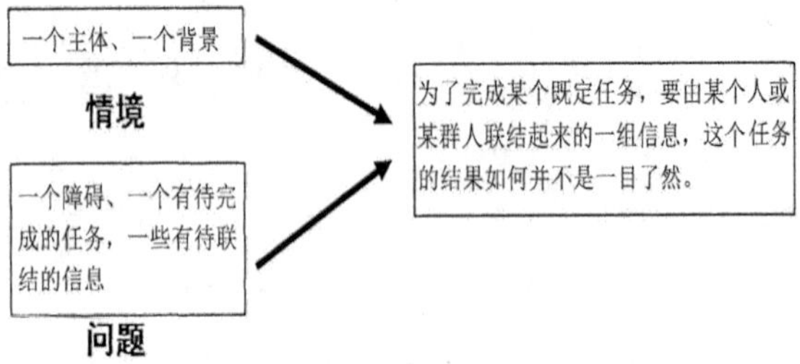

图2-1　问题情境的一般性特征

“17课标”在“学业水平考试命题建议”中有三个部分重点谈到了“情境”。在“注重情境对展示学科核心素养发展水平的价值”这一部分，“17课标”认为思想政治学科情境在学业水平考试框架中有着举足轻重的地位。这里，情境作为评价学生学业水平能力与判断学科核心素养层级的平台而存在。通过这一平台，将学科问题与学科内容结合起来考查学生的必备知识，将它们与作为媒介的学科任务结合，就可以考查出学生的关键能力。在此基础上，“17课标”进一步依托学科内容、以学科任务为媒介，通过在情境平台上观察学生的关键行为表现，界定学生的学科素养层级（如图2-2）。按照这些关联，我们可以利用图2-2的循环实现高考“一核四层四翼”评价体系中四层（必备知识、关键能力、学科素养、核心价值）目标要求的考查。

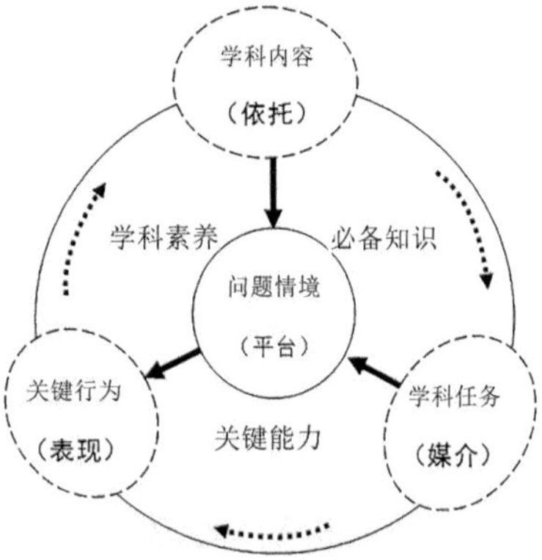

图2-2　命题框架中问题情境的位置

随后，课标在命题框架中还分两个部分谈到了“复杂程度不同的典型情境”的作用，以及“评价情境”测试学科核心素养发展水平时，对情境结构设置的基本要求。这又能被理解成四翼（基础性、综合性、应用性、创新性）特征在“17课标”中的具体应用。这个问题情境还可以成为考纲与课标联系起来的系统平台，通过它我们能实现一定意义上的“教学考”合一。

二、思想政治学科情境及学科问题的基本要素及指标

“17课标”在附录1“思想政治学科核心素养水平划分”中，将学科问题存在的情境舞台划分为四个结构层级：简单情境问题，一般情境问题，复杂情境问题，具有挑战性的复杂情境问题。是否能有效区分这些情境的结构性，关系到思想政治学科典型问题情境创设的成败。课标在讨论“复杂程度不同的典型情境”时，谈到了影响学科情境复杂程度的几个因素：主体、目标、确定性、冲突等。这几个部分的对立统一能结构成复杂程度不同的典型情境（如图2-3）。下面笔者根据对课标的研读思考，结合相关研究，以学科情境复杂程度、学科问题的结构性和学科任务的层级这三个区分思想政治学科问题情境的基本要素，展开对相关问题的探讨。

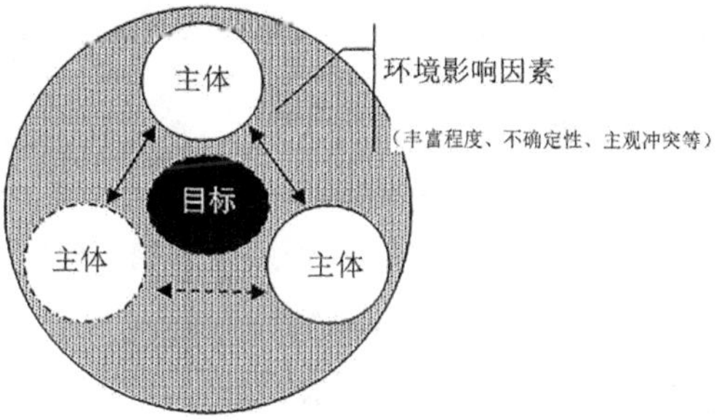

图2-3 影响学科情境复杂程度的几个因素

（一）区分学科情境复杂程度的两个指标——复杂性和复杂化

易克萨维耶·罗日叶在《为了整合的获得》一书中，将影响情境复杂程度的指标区分为复杂性和复杂化两个部分。

一般情况下，情境的复杂性是指情境的背景、知识或者技能的数量，或者他们彼此之间的联结与学生能够理解的水平之间的关系。它主要取决于三个因素：情境的背景化程度，学生应该调动的基本知识和能力的性质与数量，学生联结这些知识、方法、过程所要调动的能力的类型。

我们以2018年高考全国文综I卷（以下简称“18年I卷”）第15题为例进行分析。原题如下：

15. 我国2013～2017年消费和投资对经济增长贡献率如图5所示。

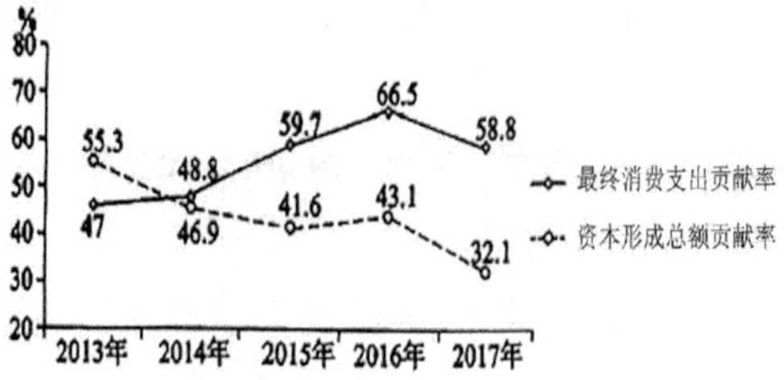

图5

从图5可以推断出

①经济结构在逐步转型升级　②全社会资本形成总额逐年下降　③消费在经济增长中的作用不断增强　④经济增长逐渐由投资拉动转向消费拉动

A.①②　　B.①③　　C.②④　　D.③④

关于此题情境的复杂程度，我们利用如图2-4所示的坐标体系进行界定描述。图2-4纵轴反映的是复杂化指标。此题有学生不熟悉的概念：“资本形成”和“资本形成总额”。“资本形成”指一定时期内资本资产（厂房、设备、车辆等投资品）的净投资。“资本形成总额”等于固定资本形成总额、存货变化价值和珍贵物品的获得之和减去处置的价值。显然，这些知识教材上都没提供过，此时学生就需要利用学过的知识进行推理。

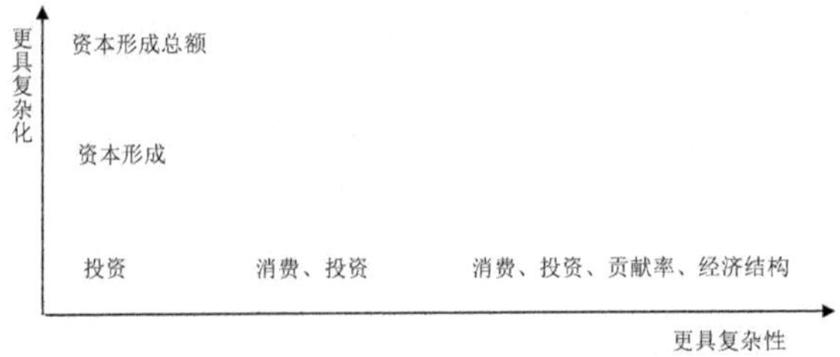

图2-4　情境复杂程度的两个方面

除了2014年和2017年消费和资本形成的贡献率之和小余100，其他年份都大于100，这与货物和服务净出口的贡献率有关。但不管怎么说，这些不熟悉不确定的因素都改变了本题情境的复杂化水平。

图2-4横轴反映了情境的复杂性。解答本题，学生至少要调用消费的作用，投资的作用，两者之间的关联结构，经济结构转型的指标等知识内容。

这比仅仅调用投资或者消费的知识具有更大的复杂性。

情境的复杂化，即对情境中问题的解决要调动一些新的、解决者不太了解或者还没有充分掌握的技能，其特征可以用三个主要参数来概括：采用的新内容，对这些内容实施的新活动，活动实施的新条件。

如图2 5纵轴所示，当一个政治教师在讲授“经济生活”新课时，他需带领学生从日常生活中对“价格”的理解逐步过渡到领会“价值”的定义，并展开对“价值规律”意义的探讨。此时他就应该创造一个学生熟悉的、调动的基本知识尽量少的，干扰性过程少的、复杂性低的情境，以突出学习新知识。但如果这个教师需要整合知识，检测学生对知识的掌握程度或者素养能力层级时，他就应该设计如图2-5横轴所示的背景环境更具复杂性的情境，就是说教学情境可以追求一定的复杂化，而用于检测的评估情境则更应注重复杂性。

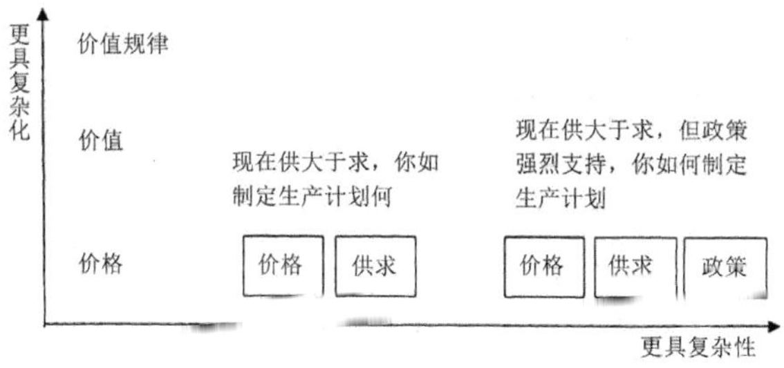

图2-5 情境复杂程度的两个方面

（二）区分学科问题结构性的两个指标——解决手段的熟悉情况与个体研究的参与程度

问题情境的第二个关键构成是“问题”。行为心理学认为，问题可以通过三个品质来定义：首先，被认为不如意的当前情境和所希望的情境（或要达到的目标）之间存在某种差距；其次，主体未采用某种途径来缩小这一差距，对此需要采用一种积极的认知方法，针对这一差距的性质以及可能缩小差距的手段，提出假设和验证；第三，和问题解决有关的主体具有的新特征。比如，同样一个情境，对某人来说可能是一个问题，他要理解即将完成什么任务，并提出解决的策略，而对另一个人来说，则可能只是付诸实施的一套程序而已，尽管这套程序可能是复杂的。

为了将思想政治学科问题的这些品质之间的区分展示得更为直观，我们用图2-6进行说明。根据解决思想政治学科问题时调用的已知知识、技能和个体研究所占的比例，我们将所有问题划分在四个象限中。

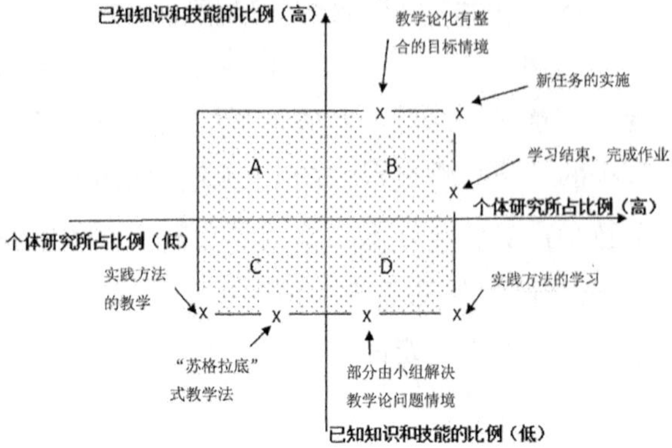

图2-6　问题解决手段的熟悉情况与个体研究的参与程度的区分

A象限使用的已知思想政治学科知识比例较高，个体研究所占比例较低。由于这样的问题缺少一定的创新性导向，不太能贯彻实施当前核心素养立意的教育要求。B象限内的学科问题，可作为整合的教学论或学习论情境，也可作为思想政治学科能力或者学科核心素养评估的情境问题。C、D象限，由于要调用未知的不熟悉的思想政治学科知识和技能所占比例较多，更多的时候可以作为构建教学论问题的情境而存在。

我们以“18年I卷”第38题为例。原题情境信息如下：

38.近年来，随着经济进一步发展和国家全民健身战略的不断推进，国内掀起了马拉松热。2011年中国马拉松赛事仅有22场，2017年增长到1100场。据预测，2020年中国马拉松赛事将达1900场。

马拉松赛事的参与人数多、涉及领域广。2017年参加马拉松比赛的人次超过500万，覆盖全国234个城市，赛事带动安保、保健、住宿、餐饮、旅行、体育文化等服务业的发展。据测算，2017年全国马拉松主办方的直接营业收入超过270亿元，主办城市的间接收入超过1350亿元。

结合材料，运用经济知识分析近年来我国马拉松热的驱动因素。

作为评估而存在的上述情境，隐含着至少一个待解决的问题，但原题的设问却指向了一个有待完成的任务。原设问是“结合材料，运用经济知识分析近年来我国拉松热的驱动因素”。按照“分类与描述”“解释与论证”“预测与选择”“辨析与评价”四层思想政治学科任务划分标准，它被归于“解释与论证”这一学科任务。按照陈友芳、朱明光撰写的《核心素养本位的思想政治学科学业质量评价的策略与指标》一文提供的观点，这一设问指向又可被界定为“解释与论证任务完成质量的评价指标”中的水平4的范畴。“解释与论证”是指对真实社会生活情境中的事物或问题，运用学科技能与方法分析原因，探究不同变量之间的关系，运用理论和实证材料对探究结论进行合乎逻辑与科学要求的论证和检验，它回答“为什么”的问题。

如果想借用这一背景进一步引导学生关注问题解决能力的培养，可以对原情境进行如下改造：

随着我国人民生活水平的提高，人们日益追求健康生活，积极参加体育锻炼，国内掀起了马拉松热。

问题也随之出现。比如某地由于比赛路线和时间安排不够科学，比赛期间市区的多条主干道长时间实施了临时交通管制，给市民们的出行带来了极大不便。也有调查发现在一些地区，马拉松赛事数量的增长早已超过了跑步人群的增长，市场饱和甚至过剩的征兆正在悄然酝酿。

此时，情境中就至少存在一个障碍、一个有待完成的任务、一些要联结起来的信息，出现了不如意的当前情境和所希望的情境（或要达到的目标）之间存在的某种差距。这些都是作为问题而存在的情境的基本要件。

（三）区分学科任务层级的两个指标——设问要求的问题解决程度及其行为指向

构建中的思想政治学业水平考试命题框架，以学科核心素养发展水平为考察对象，以任务导向为标志。作为评价平台的情境必须以任务为导向，其结构还需要有特定的学科任务构成。思想政治学科任务被定义为“含有目标与待解决问题的行动”。

思想政治学科复杂情境中涉及的待解决问题是复杂的、不稳定的，只有通过最后严格的设问才能将当前要完成的任务锚定。这个设问需要对考生受到试题情境刺激后，应该做出什么反应进行规定。它一般“由知识范围、情境范围、学科任务、附加信息等要素组成”。“设问”可以说是进入情境问题的大门。

“17课标”中列举了四个思想政治课可能的学科任务：“分类与描述”“解释与论证”“预测与选择”“辨析与评价”。对于情境问题的设计者来说，关键是如何提出一个被声明有效的设问，来界定清楚学生需要完成的学科任务。这里只是要提醒问题情境的设计者，在教学和命题时不能将设问设置成一个障碍，它最好符合下列几个特征。

第一，句子简洁短小，清晰明确。

第二，设问与已知条件要分开，不能模糊。

第三，运用学生熟悉的词句，设问是为了帮助学生解决问题而不是设置障碍。

为了进一步把上题改编情境中的问题界定出来，此时下列两组设问就可以出现了。

①运用经济生活知识，说明政府该如何为马拉松热中出现的问题提供解决方案。

②马拉松热出现了一些问题，请以市场不同主体的视角提供系统性的解决方案。

现在学生采用何种解决方案来解决问题就有了指向。为了完成这些任务，学生就需要采用一种积极的认知方法，针对问题的性质以及问题解决需要的手段，提出和验证假设。

前文提到，陈友芳在《基于学科核心素养的学业质量评价与水平划分》一文中，对思想政治学科的学科任务进行了序数层面的纵向和横向的层级界定。为了解释的方便，我们再利用一个坐标（如图2–7所示），将本文涉及的三个设问对应的情境问题的位置结构描述出来。

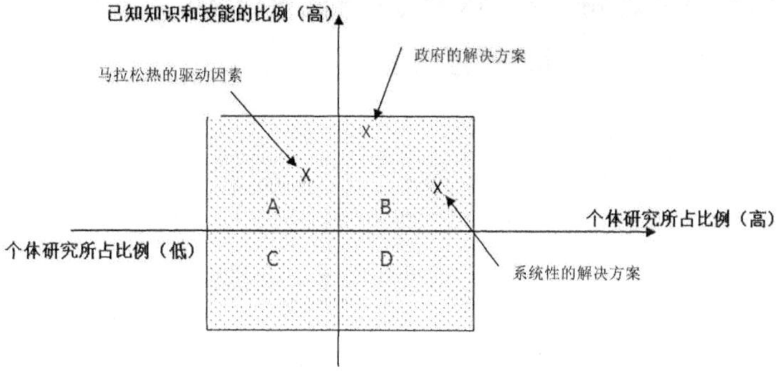

图2-7 解决手段的熟悉情况与个体研究的参与程度

原题的设问“结合材料，运用经济知识分析近年来我国马拉松热的驱动因素”，其位置的界定更倾向A象限。此设问并没有涉及问题解决的探讨研究，更多的是对已有知识和技能水平的调用解释论证。回答政府如何提供解决方案，学生可以调用相关课本知识进行必要的预测与选择，虽有一定的个体研究，但毕竟当前学生的现实角色限制了研究的进一步展开。要求学生提供不同角色的系统性解决方案，才会使学生的思维进一步延伸切换。这对学生相关“四翼”能力指标的研究深度和广度方面提出了更高的要求。此时我们重新厘定的这两个设问界定的问题可标注在B象限的不同位置（如图2-7所示）。

三、典型的思想政治学科问题情境的创建示例

1）以复杂性程度结构情境。随着教育改革的进一步推进，教学与命题正在由知识中心转化为问题中心，逐步实现从能力立意向内化的、融合的、素质的深化教育与考查转变。“17课标”根据问题设计依托情境的复杂性程度与不确定程度，将任务情境划分为四个层级：简单情境、一般情境、复杂情境、具有挑战性的复杂情境。并据此判断学生学科核心素养显现的层次高低。笔者结合2016年高考全国Ⅲ卷文综（以下简称“16年Ⅲ卷”）第12题开展系列修改，阐释一下在教学与命题中如何依托情境复杂性程度的不同，区分学科核心素养的不同层次。原题题干部分如下：

12. 图3反映我国2009～2015年的宏观经济状况，为保持国内经济平稳、持续增长，政府可以采取的财政措施是

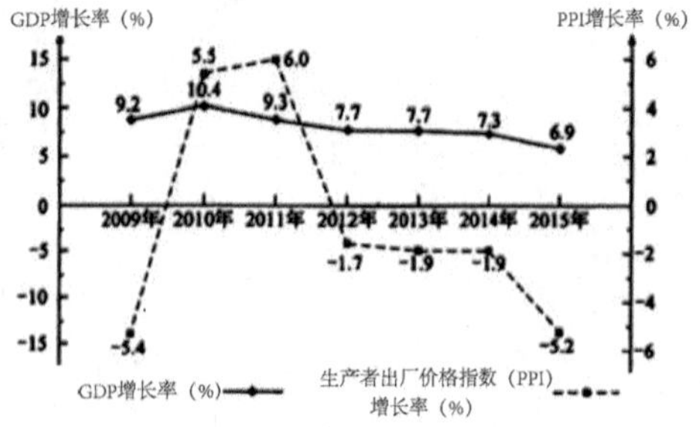

（注：PPI是反映一定时期内全部工业产品出厂价格总水平变动趋势和程度的相对数。）

图3

按照“考试说明”的能力层级划分，此题属于“获取和解读信息能力”的第二层级“从试题的图表等形式中获取回答问题的有关信息”。但如何对这一任务情境进行素养层级划分就是一个新课题。首先，我们根据“常见的简单情境”改编此题。题干表述可被结构成“图3反映我国2009～2015年的宏观经济状况，就此可看出我国的经济形势是”。任务情境被设置为图2-8能解读出的单一的GDP增速略有下滑这一常见的简单情境。此时的备选项可设计成：①处于新常态；②国内生产总值负增长；③经济上涨乏力；④严重金融危机。

如果将情境材料换成图2-9所示，由于PPI这一概念学生大都不太熟悉，虽然题干有注，但依然会有学生有一定的理解困难。此时就形成一个“新的简单情境”，备选项可设计成：①处于新常态；②经济负增长；③企业亏损严重；④企业经济效益压力增大。

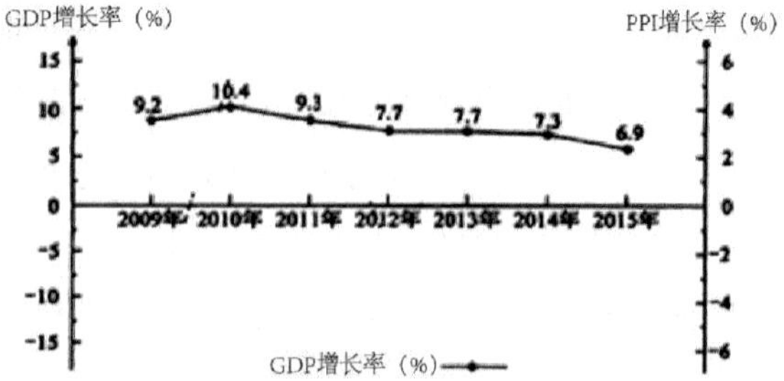

图2-8 我国2009—2015年GDP增长率

当我们将图2-8、图2-9叠加，就形成高考原题的

情境。这是一个由两个因素叠加形成的初步的“复杂情境”。至于是“常见的复杂情境”还是“新的复杂情境”，关键要看学生对这些影响因素的熟悉程度。如果学生没有经过相关的练习训练，那么这些情境就是新的，如果训练过那么它就是“常见”的，一般情况下不好保证对“新”“旧”的判断准确。这也是学生大量练习的意义所在。日常教学与命题中大都选择最新时政素材来结构成新的不熟悉情境。

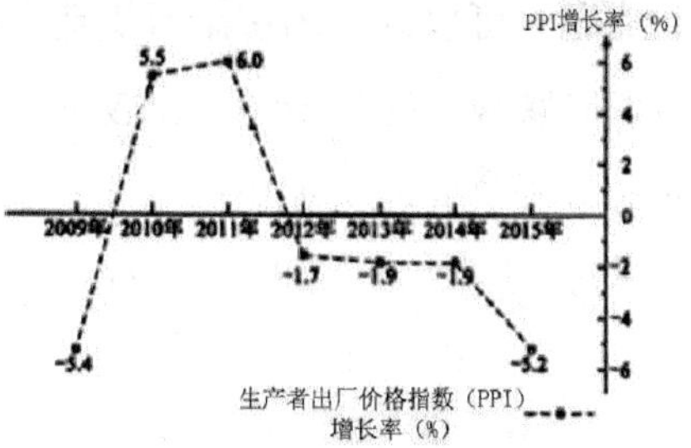

（注：PPI是反映一定时期内全部工业产品出厂价格总水平变动趋势和程度的相对数。）

图2-9 我国2009—2015年PPI增长率

2）**以完成学科任务的质量水平结构**。问题解决是人类的一种基本的认知活动，也是学生获取知识的主要途径。思想政治课问题解决包含着一系列相互联系着的过程，可以划分为发现问题、分析问题、提出假设和检验假设四个阶段。与其对应，构建中的思想政治学业水平考试的命题框架，以学科任务导向为标志，分别根据“分类与描述”“解释与论证”“预测与选择”“辨析与评价”四项学科任务的完成程度，对学业质量的纵向层级进行界定。

以“预测与选择”这一学科任务为例，按照学科任务完成质量标准它被分为三个层级。第一层：运用科学的方法和原理对行为、问题的结果或影响进行分析与预测。第二层：根据约束条件和决策目标设计出合理可行的方案。第三层：比较不同方案的优劣利弊并作出合理选择。此标准认为，决策目标的复杂程度与相互关系（如目标之间的冲突程度），决策面临的约束条件的多少，学生对分析方法的掌握程度，都影响学科素养的显现。

如果前文例题的题干任务被设计成“为保持国内经济平稳、持续增长，政府可以采取的财政措施是”，如何完成这一学科任务，解决情境问题就构成对学科任务完成质量的第二个层级的评价指标，就如原题的选择项①提高企业税费，增加财政收入；②发行国债，扩大经济建设支出；③降低企业税费，扶持企业创新；④减少财政赤字，降低财政赤字率。

命题时可以设计出多个可供选择的方案，这些方案有些可行，有些不可行。如何取舍，这又涉及“比较不同方案的优劣利弊并作出合理选择”这一层面的考查。此时我们就将对学科任务完成质量的考查推到了最高的一层。在具体选择题项的编制时，根据相关的学科知识要求，并结合一定的难度系数，设计出对应的四个选择项，让学生选择最有效的那一个。

基于核心素养本位的思想政治学科学业质量评价的策略与指标的研究者们认为，各学科任务之间不存在纵向垂直或水平层级关系。同一个任务之间有着水平上的质性差异，而不是不同任务之间有着水平质性差异。他们不认为评价就比理解更高级，而是认为即便是评价，也会有低质量的、低水平层级的评价，反映着较低的素养发展水平；即便是对事物的观察和描述也可以是非常高难的，反映着非常高的素养发展水平。根据这一精神，笔者仅仅根据“预测与选择”这一学科任务，展开理解、思考与实践，并认为其他的三项学科任务也是可以按照本章推演的方法展开教学与命题的实践。

这样，结合四类情境，三层质量，在评价与预测的学科任务下，就形成了12个可供使用的不同层级的学科核心素养任务情境。当然这些划分大都也只能说是序数层面的，至于其基数层面的量化价值还有待进一步的研究与试验。

3）**配合其他辅助指标结构**。情境是现实生活中问题的载体，考生今后会面对不同领域里各种复杂的、不确定的现实生活问题情境，而不是某一单一领域。这就要求教学或命题时还要对任务情境分布的规范性和合理性有一定的考虑，要激活学生调用所学知识去解决不同领域中存在的现实问题。比如可以以区域性指标将任务情境拓展划分为个体、市场、区域、全球四个层面。国际知名的核心素养测评框架国际学生评估项目（PISA），对一定的测评情境进行“个人的、教育的、职业的、公共的”①类别划分和轮廓勾勒，其中“个人的”是指为了满足个人兴趣而进行的活动。笔者认为解决全球性的公共的情境任务是否一定就比解决个体性的任务体现的素养层级高，还有待研究，但这些划分方式是有效的。

①张会杰. 核心素养本位的测评情境及其设计[J]. 教育测量与评价，2016(9):10.

大部分信息加工心理学家认为，根据解决问题的认识方式不同，可以将问题划分为两类：“常规性问题（routine problem）和非常规性问题（non routine problem）”[①]。认知心理学也将问题区分为“结构良好问题（well-structured problem）和结构不良问题（ill-structure problem）”[②]。由于结构不良问题大量存在于日常生活情境中，因而引起了众多研究者的关注。而培养学生解决真实生活复杂情境中的结构不良问题及非常规性问题的能力，成了思想政治课教育改革中关注的一个焦点，也是我们命题工作中需要关注的一个重要维度。实践中我们可以以此来结构不同层级的评价指标。其他条件不变的情况下，学生对结构不良问题的解决要比结构良好问题的解决显示的核心素养水平高。

这样，结合情境的复杂性，学科任务的完成质量，再辅之以区域性或结构性指标，我们就可以针对某一特定任务设计出不同指标组合成的活动情境或命题情境，整合后可以将其结构成表2-1所示的细目。虽然这样划分的序数层面和基数层面的价值如何，还有待进一步的研究与试验，但这种思考和尝试也许能推动命题改革向着更为科学的方向前行，更好地发挥测评对学生成长的积极引领作用。当然随着研究的深入开展，应该还有其他指标可以借用。

表2-1 基于学科素养和任务的命题细目

情境问题	学科素养		学科任务		复杂性		问题结构		区域性		问题阶段	
	政治认同		描述与分类		简单情境		良性结构		个体		发现问题	
	理性精神		解释与论证		新的简单				市场		分析问题	
	法治意识		预测与选择		常见复杂		结构不良		区域		提出假设	
	公共参与		辨析与评价		新的复杂				全球		检验假设	

下面我们再以高考文综试题提供的情境材料，依据本文研究界定的结构性要素指标，进行一次尝试性改编，希望能够以点带面、接受进一步的实践检测。

①参见袁维新，吴庆麟．问题解决：涵义、过程与教学模式[J].心理科学，2010(1)：151.

②参见张雨强，冯翠典．结构不良问题在学生学业成就评价中的应用[J].当代教育科学，2007(20)：54.

信息情境

“互联网+”代表这样一种新的经济形态，即通过互联网的深度广泛应用实现产业发展。

材料一：

2014年2月，以习近平为组长的中央网络安全信息化领导小组宣告成立。2016年3月，十二届全国人大四次会议通过的我国《十三五规划纲要》提出，实施“互联网十”行动计划，促进互联网深度广泛应用，形成网络化、智能化、服务化、协同化的产业发展新形态。国家发改委提请全国人大审议的报告提出，推进“互联网十”行动，实施大数据开放创新工程，建设高速、移动、安全、泛在的新一代信息基础设施，深入实施信息聚民工程，完善电信普通服务机制。

材料二：

随着我国城市的发展，“停车难，停车贵”的问题日益突出。据统计，北京上海广州深圳四大城市停车位的平均缺口率达76.3%，同时停车场泊位平均空置率高达44.6%。某地运用化联网技术、大数据和云计算，整合线下停车场资源，建成智慧停车系统，将车牌号与车主手机捆绑，提供周边车位查询→抬杆放行→导航定位→停车缴费的全程智能解决方案（见图8）。

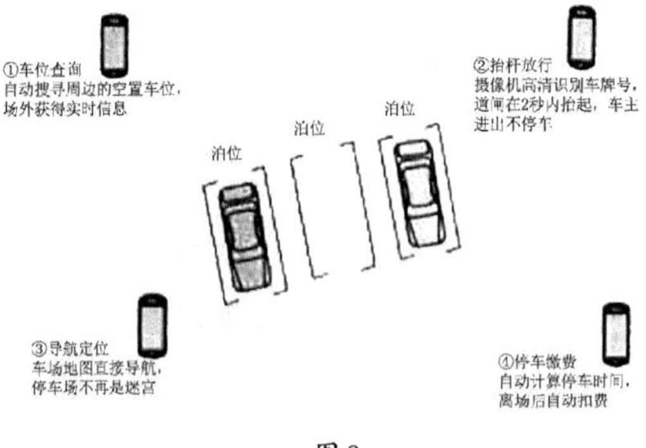

图8

4）**对情境进行思想政治学科素养化的问题再建。**作为为评估而存在的上述情境，提供的信息中已经给出了具体问题解决的途径。用于命题的情境本来需要一个真正的问题，但原题通过设问，却只指明了一个有待完成的任务。原设问是“结合材料二和所学经济知识，分析‘互联网+停车’智慧系统的应用所能带来的经济效益和社会效益。”按照“分类与描述”“解释与论证”“预测与选择”“辨析与评价”四层思想政治学科任务划分，它被归于“预测与选择”这一学科任务范畴。在“预测与选择”这一任务下，它又被指向“运用科学的方法和原理对行为、问题的结果或影响进行分析与预测”这一级。依托这一情境提供的信息，假定我们希望构建一个以问题解决为目的的问题，就需对原情境进行如下加工：

随着我国城市的发展，“停车难，停车贵”的问题日益突出。据统计，北京上海广州深圳四大城市停车位的平均缺口率达76.3%，同时停车场泊位平均空置率高达44.6%。

此时，情境中就至少存在一个障碍、一个有待完成的任务，一些要联结起来的信息，出现了不如意的当前情境和所希望的情境（或要达到的目标）之间存在的某种差距。这些都是问题的基本要件。为了进一步把情境中的问题界定出来，下列两组设问就可以出现。

①运用市场调节的手段，为停车难或者停车贵设计解决途径。

②综合运用市场手段和互联网+技术，为停车问题提供系统性的解决方案。

此时要求学生采用何种途径来解决面对的问题就有了指向。为了完成任务，学生就需要采用一种积极的认知方法，针对问题的性质以及问题解决需要的手段，提出和验证假设。此时，一个较完整的思想政治学科问题情境就结构完成了。

5）**对问题情境的结构性指标进行分析验证**。最后，我们利用本章提供的几个指标对该问题情境进行更深层次地分析验证。首先，按照情境的复杂性和复杂化程度对其分析。作为评估情境，该情境的相关标准更倾向于复杂性，其复杂化维度也有相对来说学生并不熟悉的互联网+技术。其复杂性维度，随着问题解决需要调用的知识、能力与信息的增加，水平量级逐步增加。比如提出“可持续的更完整的解决方案”比“如何解决停车贵”及“如何解决停车难”这两个问题，学生需要调用的背景、知识或者技能的数量就更多。

其次，按照“问题解决手段的熟悉程度与研究复杂性”对该问题情境进行分析。三个不同的设问对应的位置结构也不尽相同。原题的设问“分析‘互联网+停车’智慧系统的应用所能带来的经济效益和社会效益”位置的界定更倾向A象限（如图2–10所示）。此设问并没有涉及问题解决的探讨研究，更多的是对已有知识和技能水平的调用和阐释。如果将该设问分解成两个部分，在A象限的位置结构也会有区别。

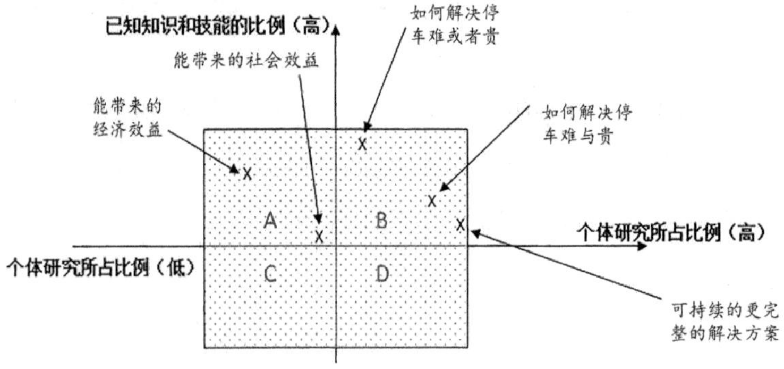

图2–10　对情境问题进行维度检测

第三章

“四维三度”架构下学习的深度推进

深度教学是对工具性教学和浅表层教学的超越。核心素养培育视阈下的“深度学习”，是指在指向核心素养培育的教与学过程中，引领师生的知识层面、思维层级与思想层次从浅层到高层、从具体到抽象渐趋延展与拓掘的一种教学行为。“深度学习”与培育核心素养是内在统一的，注重深度学习下课堂的教学样态与评价维度。对深度教学的过程进行分析，把握核心素养培育视阈下深度学习的特质，能够进一步明确深度教学理念指导下的教学的特征。深度教学是理解性的教学，关注学生对知识的深度理解；深度教学是反思性的教学，关注学生通过积极自我反思实现自我发展和意义建构，深度教学是体验性的教学，注重学生的学习过程和学习体验。

深度教学是理解性的教学。“理解”是哲学诠释学的关键概念，阿斯特认为存在着如下三个层面的理解：历史的理解，即对作品内容的理解；语法的理解，是对作品的形式或语言和表达方式的理解；精神的理解，是对个别作者和古代整体的精神的理解，它属于真正的和最高的理解。而从心理学的角度来看，理解是“个体运用已有知识、经验，以认识事物的联系、关系直至其本质、规律的思维活动”，如弄清一个科学概念，了解课文的语句、段落大意及全文中心思想，明确公式、定理、发展的内在关系等，都需要思维活动的参与，都称为“理解”。一个有效的深度学习过程，由教师的引导和学生的学习两个线程组成。理想的深度课堂，教师引导课程展开分为三个层次：常识—通识—深度；对应的学生学习过程分为：感知—思考—情感内化。这两个线程共同作用，最终内化为学科核心素养。

一、深化文本解读，通过理解触摸学科素养

思想政治学科学业质量测评指标，将特定的学科任务放在四种不同层次的情境下完成。一个有效的活动型课堂的深度教学过程，离不开结合相关层级对教材进行深度解读。这一解读，在通识教育阶段注重于知识网络的构建，深度教学阶段注重于平台的搭建。这一平台要为深度探究活动创设较为复杂的情境。在学生的深刻理解知识的基础上，思维与能力将在这一平台上升华。

不知从什么时候起，没有几个人愿意去谈教材解读了。我们追求的活动型课堂，活动非常重要，课堂的情境、参与探究是对以往死板灌输的“革命”。但凡事总是有个度，再精彩的活动最终还是要落实到观念、知识的形成与学科任务的完成能力上来。所以，有职业精神追求的一线教师，不可被精彩的理论喧哗所困惑，很多时候看似精彩纷呈的“表演”背后的灵魂依然是对教材别具匠心的解读。某种意义上，我们的深度教学追求的职业“匠心”是建立在对教材深度解读基础上的。下文笔者以人教版《生活与哲学》一文中“矛盾的同一性与斗争性”这一知识点的教材解读，谈谈对基于核心素养的深度教学的认识与实践。

（一）理顺教材知识网络，建构概念显性关联

《核心素养本位的思想政治学科学业质量评价的策略与指标》一文结合对新的学业质量测评指标的探讨，将核心素养发展水平的评价划分在四个层级下进行：常见的简单情境，新的简单情境，常见的复杂情境，新的复杂情境。本书认为课程的展开应分为三个层次：常识—通识—深度。其中“深

度”这一层次的教学开展为培养学生“复杂情境”下高质量地完成学科任务提供了可能。而基于核心素养的深度教学的逐次推进需要建立在教师对教材相关内容的对应解读基础上。在常见的简单情境中将教材知识网络构建出来，就是“通识教学”的过程。

《生活与哲学》一书中关于“斗争性”的知识点，教材没有过多阐述，只是说“是指矛盾双方相互排斥、相互对立的属性”，并说它“包括一切差异和对立”。

对于“同一性”有两层解析。教材上有一幅漫画“他敢剪吗？”和一则名言“相反的东西结合在一起，不同的音调造成最美的和谐”。这两则材料用来说明事物是相互依赖、相互贯通的。紧跟着教材又引用老子和孙武的几句话引出对矛盾同一性中相互依赖、相互贯通这两层关系的进一步分析。这些情境都是常见的简单情境，学生理解起来并不困难。

后面就到了关键：同一性和斗争性之间的关系。教材分两个层次来阐述。

关于同一性离不开斗争性（没有差异就不会依存与转化）这一层次，教材为了解析清楚，引用了“和”与“同”的中国古典哲学命题。教材认为，“和”其实是一种动态平衡下的矛盾，只有在求同存异允许矛盾存在与发展的前提下社会与自然才能更好地存在与发展，如果片面追求一致世界就难以维持了。此时教材在将复杂情境简单化。

斗争性离不开同一性（没有统一就没有斗争的条件）是第二个层次，也就是最让学生犯糊涂的“斗争性寓于同一性之中”。教材引用了一则故事来说明，谈的是墨子与耕柱子的一则对话，得出一个观点：正因为墨子和耕柱子处在师生关系这一矛盾统一体系中，墨子才会这样严格的要求耕柱子，墨子与耕柱子才会产生冲突。在这里教材试图通过相互关系的密切来解释，因为关系密切所以“矛盾”才更多。用具体的“斗争”取代了抽象的“斗争性”，当然这可能方便大家对原理的理解，虽然有一定的抽象性，但依然是从常见的简单情境中一一推导出相关结论。

但当我们将上述这两个简单化的情境整合起来，试图得出其相互关系时，“常见的复杂情境”开始出现。当然，这一复杂情境也只是两个“简单情境”的简单相加，并不是完全意义上的复杂情境，更谈不上是“新的复杂情境”。

到这一步，我们就可以简单描述出斗争性与同一性关系的知识树状图了。此时，通识教育的教材解读准备基本完成。

（二）发现知识内在冲突，搭建深度学习平台

“深度教学”需要结合课堂遗留的问题展开深度扩展性研读探究，并要结合教材前后内容开展“政治课整体学习”。这就会将学习过程带入比较复杂的情境中，为学生在复杂的情境中完成学科任务、解决问题提供了一个锻炼的机会。在教材解读过程中，最好的抓手是去发现教材知识中可能存在的内在冲突，构建比较复杂的学习情境，为进一步地深度学习搭建一个可供探究的平台。

教材对同一性的两个层次的例证问题中，第一条例证是老子说的“天下皆知美之为美，斯恶已；皆知善之为善，斯不善已”。根据教材在后面提出的问题“善恶、有无、难易、高下等为什么可以相互依存”，显然教材是认为此段中的善恶是体现相互依存的。这句话就要翻译成“天下人都知道美的东西之所以美，是因为有丑陋。都知道善之所以善，是因为不善的存在”；或者理解成“天下人都知道什么是美好的东西，丑陋就无法隐身了；天下人都知道什么是善良的东西，邪恶就无法隐身了”。

当我们对老子的这句话进行进一步探究时，会发现对这一句话，学术界还有其他的理解。有一种观点认为老子这句话是在阐述“物极必反”的道理。在这句话中“为”是动词，意思是告诉我们：天下人都知道，美好的事物我们再推动其发展，就会变成丑恶的东西；善的东西再善一些，就会演出“农夫与蛇”的悲剧。就是说此句的断句可能是这样的：“天下皆知，美之为美，斯恶已；皆知，善之为善，斯不善已。”

我们再根据老子说这句话的上下文来理解一下，这句话对应的全文是：

“天下皆知美之为美，斯恶已；皆知善之为善，斯不善已。有无相生，难易相成，长短相形，高下相倾，音声相和，前后相随。是以圣人处无为之事，行不言之教；万物作焉而不辞，生而不有，为而不恃，功成而弗居。夫唯弗居，是以不去。”此时学术界就有了另外一种解读：“天下都以为美而去（极度地）追求美，这就不好了；都以为善而去（极度的）追求善，这就不善了。有无仅仅是表征生的，难易仅仅是表征成的，长短仅仅是表征形的，高下仅仅是表征倾的，音声仅仅是表征和的，前后仅仅是表征随的。所以圣人无为，不言，万物都是作而没有初始，生发而不占有，为而不仰仗，成功了而不自居，也是因为不自居所以不会有失去。”

这样，老子说的这一段话就是为了证明最后一句，即成功了而不要自居，也是因为不自居所以不会有失去，并非是要正反来对比，而是以一种不在意的心态面对成功。老子认同无为而治，就是这个心态，而不是通过和别人的对比来体现自己。老子认为世界的对立本身是无须改变的，一切随缘。

这样深入探究，教材对“天下皆知美之为美，斯恶已；皆知善之为善，斯不善已”这句话的引用，就可能会引起不必要的争议，也会产生误导。因为按照后两种解读，此句表达的意思可以理解为同一性中的相互贯通、相互转化，而不是相互依存。如果仅仅用“有无、难易、高下”来设计这个问题，可能更好一些。毕竟对老子《道德经》的不少文字的理解，学术上还是未达成共识的，我们的教材应该有所说明。

当我们在这个问题上“吹毛求疵”，与学生一起深入地延伸探究，区分“相互贯通、相互转化”与“相互依存”的差异，可以为进一步深化学科素养与进行价值观引导构建一个较为复杂的情境平台。结合正反两方面分析，会培养学生的“科学精神”，反复的论证与探讨也会把与“科学精神”相关的学科任务引入深水区，为提升学生“解释与论证”“辨析与评价”问题的能力提供可能。对这些句子的解读也涉及对老子“无为”思想的理解，对其的历史局限性的分析，这都有利于培养学生对马克思主义矛盾论的“政治认同”，唤醒学生的“公共参与”意识。这些都是我们的思想政治课追求的学科核心素养。

（三）情深无痕，素养如水

我们在对矛盾的理解过程中，如何分清矛盾的同一性，如何理解矛盾的斗争性与同一性的关系，不仅是一个哲学学术问题，也是一个实践中面对的政治问题。新课程的手段是改变教学方式，核心是改变学生的学习方式，目的是改变学生的思维方式。学习要进入思维，只有进入思维才能达到“情感、态度、价值观”的内化与固化，就是我们通常说的对心灵的涤荡。将学科任务引入到复杂的实践中去，将更接近在“新的复杂情境”下对相关问题的探究与辨析。为此“深度学习”要对相关学科问题进行现实性延伸。在深度解析教材的同时将历史实践与现实生活充实进去，为学生的学科核心素养发展到最高水平创设相关情境，这是我们必备的素质。

教材中该部分内容最让学生犯糊涂的是“斗争性寓于同一性之中”这一原理。毛主席在《矛盾论》中就明确分析过。文中提出生与死、佃农与地主、无产阶级与资产阶级等看似“截然对立”的两个方面之间，都存在着同一性。没有相互的两层统一的关系，他们也对立不起来。正因为如此，在整个中国革命中，毛泽东更是把革命的统一战线视为克敌制胜的“三大法宝”之一。在大革命失败之后，我们党在王明“左”倾机会主义的错误指挥下，加之受苏联的恶劣影响，总是把“中间势力”看成“最危险的敌人”。毛泽东在《〈共产党人〉发刊词》中总结了18年中国革命的历史经验，明确提出：“统一战线，武装斗争，党的建设，是中国共产党在中国革命中战胜敌人的三个法宝，三个主要的法宝。”这些都是看到了斗争性存在于同一性中，斗争才能产生合力的作用，事物才能朝我们有利的方向发展。显然这一说法是在证明要维持表面统一的情况下展开斗争，斗争要以不破坏统一体为前提。突破了统一体，事情的性质就变化了。

党的十八大以来，习近平总书记指出，我们要协调推进全面建成小康社会、全面深化改革、全面依法治国、全面从严治党，这“四个全面”是当前党和国家事业发展中必须解决好的主要矛盾。这为我们进一步展开对矛盾问题的解读与理解提供了现实的指南。

二、基于问题中心，推进思想政治课教学的反思体验

深度教学是反思性的教学，不是接受性的教学。反思是近代西方哲学的重要概念，康德、黑格尔等都对其进行过论述。如康德将反思分为逻辑的反思和先验的反思，认为反思是获得概念和普遍依据的重要途径。通过反思，个体将获得概念的过程和主体的感性相关联。反思是个体生命成长过程中的重要活动，个体对自我的认识以及自我的成长都伴随着反思的过程，反思是个体探究主体自身的过程。

深度教学是反思性教学，学生要成为反思性实践者，要具有反思性自我意识，在学生理解符号的时候，有效的反思性自我意识是必须的。深度教学注重引导学生通过符号知识的学习来反观自身，进而充分地认识自我、发展自我、超越自我，生成人生的意义。教师要通过引导学生对客观世界、自我世界进行理性的反思，让学生的知识学习由符号走向逻辑和意义，由表面走向深入，由肤浅走向深刻，形成“物—我”关系、“我—你”关系和自我关系，丰富与改造经验，并通过反思觉醒自我、提升自我，同时也使得教学具有深度。教师要引导学生反思自身与知识的关系，通过知识学习，学生与知识之间的关系是对象占有关系还是双向互动关系，是价值无涉关系还是价值负载关系，是符号认知关系还是意义共生关系，也需要学生进行积极地反思。只有通过反思，教学才能真正进入学生的精神世界、生命世界和意义世界，而这是深度教学的本质追求。

在广泛实践的活动型课堂中，探究过程不能流于肤浅的形式。教学方式的改变只是手段，改变学生的思维方式才应该是目的。故此，我们更呼唤能够进入思维，能够内化学科核心素养的活动型深度课堂。笔者再以教材《生活与哲学》中“意识的本质”这一部分的一次常规教学为例，进一步分析对基于核心素养的深度教学的认识与实践。

（一）初步感知，从常识开始

一节课有很多种上法，时下的课堂讲求情境导入：很多人喜欢剪辑一段录像，这样图文声情并茂，很吸引人；还有一种方便易行的办法是图文导入。这些都是基于对活动型课堂的一种理解与运用，当然也还有很多其他有效办法。活动型课程讲求凸显思想政治观点，关注学习过程。

在组织“意识的本质”这一部分的课堂知识结构的时候，我在想，该把这群学生的思维引入什么样的程度？时下的很多展示课（或者说探讨课）课堂学习的深度是不够的。我们的政治课堂在追求“温度”的同时，也该关注一下深度。哲学更应该是一门有深度的学科，我们完全可以理直气壮地反对肤浅。

课堂上面对的高二学生，思维虽然还不够成熟，但知识面已经比较宽广了。教师和同学一起从常识出发，吸引学生的注意力，这样大家都有话可说，可以形成一定的课堂“温度”。这种方法是基于寻找学生“最近发展区”的理论。同时也要准备好一定程度的深度思维材料，看课堂发展能达到什么程度，随机应变，灵活调用材料，不求驾驭课堂，但求与课堂同行。

我们课堂从一幅芦苇的图片展开，配上“人的伟大之所以为伟大，就在于他认识自己可悲。一棵树并不认识自己可悲。因此，认识（自己）可悲乃是可悲的。然而认识我们之所以为可悲，却是伟大的”的文字，并请一位普通话标准的女同学当堂朗诵。教师点出说这句话的人是帕斯卡尔，他是法国著名的数学家、物理学家、哲学家和散文家，并半开玩笑地和学生说：“在自然科学上有所建树的人，哲学的思考并不可少；我们的哲学思维能力影响着大家在专业的路上能走多远。”因为此节课面对的是一个理科班级，此时，情感的因素开始切入，课堂有所躁动。有学生在课堂上窃窃私语“人是一棵会思考的苇草”。教师立

图3-1　芦苇

马抓住机会问：“人，这根苇草为什么能思考呢？”“我们要能思考，需要什么前提（条件）？”

此时，小组探究模式开启（平时教学不方便组织小组的话，也可以以个别探究、群体补充的头脑风暴法展开）。分别由若干同学提出自己的见解，教师在黑板上写出学生的见解，其他同学补充探讨。在这个阶段可能什么样的答案都有，来者不拒。第一个学生回答是“大脑”，紧跟着有个同学补充“神经”。当时我把“神经”写成“神筋”“神精”……，好多同学很热心地纠正。此时我还没来得及思考这个“神经”到底和大脑有没有关系，不管怎么说，先照单全写在黑板上。没有排演的课，难免手忙脚乱。在我等着学生说出其他答案，诸如“客观世界”“努力”“对象”等的时候，却发现大部分学生的思维被第一个发言的学生引导到和脑子有关的东西上去了。如果此时不引导一下，课堂就可能在这里绕圈子或者冷场。我连忙插话：“神经和大脑是什么关系？”大家都学过生物，很快回答出“大脑本身就是一个复杂的神经系统”。我又问：“所有的神经都会思考吗？”有学生提出脊髓神经不能思考等。同学们基于常识与生活的思维已经打开，后面课堂就应该逐步进入通识学习阶段。

（二）启迪思考，由通识延伸

“通识学习”与我们常说的“专业学习”相对应。“通识学习”是学生自己的学习活动，是学生对“无用”知识认真和用心的学习，是学生对专业之外的知识认真和用心的学习。“通识学习”与“通识教育”是相对应的。“通识教育”是教师指向学生的教育活动，前面的课堂活动以及知识铺垫就已经涉及初步的“通识教育”。

课堂继续展开。再问：“同学们，大脑和人脑一样吗？”同学七嘴八舌，得出结论：“其他动物也有大脑，我们讨论的应该是人的大脑，简称人脑。”最后一起得出第一个结论“思考首先需要的是一个活生生的人的大脑”。再问：“我们都有人脑，大家的意识会完全一样吗？”回答：“不一定。”“比如同样是这节课，在座各位都有大脑，讲课的都是我，但你们学到的结果可能不一样，有人没听太懂，有人一直参与。那么我们的差别是什么引起来的呢?”学生回答出“个人的努力”。“对，哲学上称这种‘个人的努力’为能动性。”

课堂进行到这里，教师引导同学们集结常识经验，并推导出了一些零碎观点，此时“通识教育”已经开始，“通识学习”还是谈不上的。启迪学生学会自己思考才是我们要做的，我们还要推一把学生的思维，看学生会不会主动展开“通识学习”。

教师再问：“一般的动物有心理吗？动物有意识吗？人一定有意识吗？到底什么才是意识?”此时抛出问题，同学们思考、讨论，但不提供课堂交流与回答的时间。当学生讨论告一段落的时候，投影补充一段定义：“本质指事物本身所固有的根本的属性。就是和其他事物的区别，就是某种只有自己有其他事物不具有的属性。”教师点解：“我们这框标题叫‘意识的本质’，但大家看看课文有没有明确的一句话回答‘意识的本质’到底是什么?”

学生快速阅读课文，回答：“没。”

教师：“那么到底什么才是意识的本质呢？我们可不可以理解为，只有意识才具有的属性就是意识的本质?”

学生半信半疑。

课堂到这里，学生需要进一步进行思考，才能得出一定的比较“理性”的结论，而这一过程就是“通识学习”。课堂经由“通识教育”延伸到“通识学习”，学生由懵懂困惑开始自觉思考。

（三）只有深度学习才能涤荡心灵

课堂在延续“通识学习”的路径下，逐步融入深度教学的探究阶段。深度教学对应分为教师行为的深度教育以及学生行为的深度学习。建立在深度教学基本理念基础上的高中政治课的深度课堂具有“理解性、建构性、反思性、探究性”的基本特征，既有对学生进行学科知识的教育过程，又强调学生的思想情感、理想信念和价值观的自主形成。

为了帮学生总结出关于意识本质的完整结论，逐步推进“通识学习”，为学生的深度学习进行铺垫，笔者归纳出三个问题设计，践行以“问题为导向的深度教学”，推进教师的深度教育。

第一个问题设计：（投影）从意识的起源看，意识是物质世界长期发展的产物。这包括两层含义，意识是自然界长期发展的产物，更重要还是社会发展的产物。

问学生：这两层含义，你们觉得是意识特有的吗？

学生思考回答的过程中，一时得不到“只有社会发展的产物才是人的意识特有的”这一结论，教师提示思路，并附带请同学对“情绪”“心理”“思维”“意识”进行心理学区分，引导学生课下进行进一步的“通识学习”，如果有相关心理学专业诉求的同学可进一步展开“深度学习”。此处课本还有关于无生命物质的反应特性、生物的反应形式同人的意识是什么关系的阐述，在“通识教育”阶段，点到即可。

第二个问题设计：（图片展示）1971年的4004微处理器与2015年的第六代酷睿处理器。

问学生：如果要运行最新版的英雄联盟游戏，你选择哪个？

随后展示从古猿到人的进化中脑量的变化，引出人脑的结构，并展示一幅鸭脑子的图片，图片下方写上“鸭脑子是搞不懂人到底是在想什么的”。由此引出，人脑对第二信号系统（语言刺激）的解析能力，这是其他动物的大脑所不具有的。引出意识需要复杂的人脑的参与，间接得出意识的第二个特征：“人脑的机能”。

此处，关于条件反射，两套信号系统的探讨，是属于“通识学习”的范围，进一步理解“人脑的机能”属于“深度学习”的范畴。

第三个问题设计：展示一面无图像的镜子。

问学生，怎样才能让镜子里面出现图像？

学生回答：在它前面摆上物品。

在这里大部分课堂会举狼孩的例子，我在这里引用了一段历史说法。

朱允炆（建文帝）有两个儿子。长子朱文奎，在明成祖朱棣攻入南京后下落不明，也有说是被杀死了。少子朱文圭，润怀王。这个两岁的孩子被朱棣软禁在凤阳，到五十多岁才被明英宗放出来，由于几十年不和外界接触，头发雪白，行为痴傻，牛马不识。问：为什么朱文圭牛马不识？

学生探讨结论：因为他以前压根没机会见到牛马。没有客观的对象，形成不了相关的意识。由于关于意识的能动性与客观对象的关系，在情境引导的部分已经探讨，这里就不再过度延伸，一带而过。探究得出意识的第三个特征：内容上看，意识是客观世界的主观映像。此时属于“通识学习”阶段。进一步探究“人脑是产生意识的物质器官，那么是不是说有了人脑就一定会产生意识呢?”“错误的意识是否也是对客观事物的反映?”“对宗教的本质认识（教材在第四单元“社会存在决定社会意识”部分有较详细阐述，这里可以有所涉及）”以及“怎样理解意识的形式是主观的，而内容是客观的”等问题。这更是教师深度教育，学生深度学习的内容。

课堂到这里，学生从“通识学习”（学生初步自主探究思考）进一步切换为“深度学习”。进一步深度教学就要结合课堂遗留的问题（下节课或者课后）展开深度扩展性研读探究，并要结合教材前后内容开展“政治课单元整体学习”。师生通过“整体感知”“部分体验”“整体感悟”等方式，有效地克服以单一课时为单位进行课堂设计与教学，导致单元教学目标达成度低，学生知识结构不完整的弊端。

新课程的手段是改变教学方式，目的是改变学生的学习方式，核心是改变学生的思维方式。教学不能止于知识，而是要进入思维。只有进入思维才能达到“情感、态度、价值观”的内化与固化，就是我们通常说的对心灵的涤荡。而这一切都依赖于学生内心的信服。怎样才能从根本上相信我们所说的，这就离不开深度学习。在某种意义上说，“深度教育”都达不到“进入思维”这一目标。深度教学没有边界。

统观这一节课，并参考朱明光先生《关于思想政治学科核心素养的思考》一文的观点，这部分开展的基于核心素养的深度教学过程，可以分解成三个层次：常识—通识—深度。对应学生思维的过程，可分解成三个维度：感知（前概念）、理论（概念）、价值观（思维素养），而所有这些都是围绕思想政治课的学科核心素养进行的，如图3-2所示。

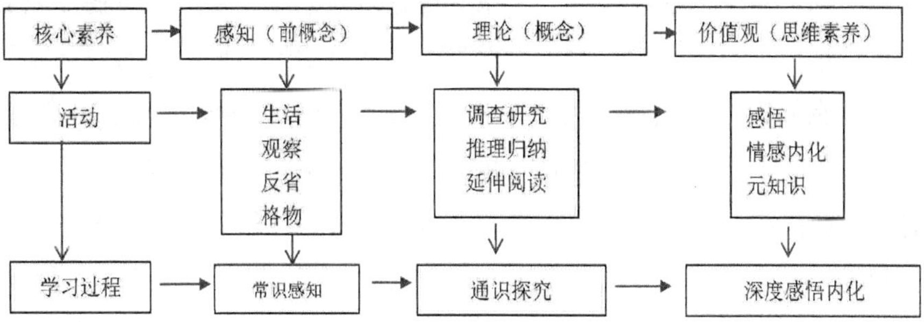

图3-2 基于核心素养的学生思维过程

常识感知属于知识获得的前概念阶段，“通识教学”属于形成概念理论体系阶段，深度学习是为理解而学，是为形成价值观而展开。

三、深化课堂探究体验，内化学科核心素养

深度教学是体验性的教学。体验即经历，体验即感悟，体验即创造。注重学生的过程体验，是我国义务教育课程标准中的重要理念。无论是在人文学科知识的教学过程中，还是在自然科学知识的教学过程中，学习者的体验都是非常重要的。可以说，学习者在学习中的过程体验就是个体知识建构的过程，是个体主观感受表达的过程，是个体内心情感流露的过程，亦是个体思维发展和意义生成的过程。

深度教学是体验性的教学，这就要求教师尊重学生学习的过程属性，避免教学的“流程化”与“模式化”，用复杂性思维、过程性思维和关系思维来看待学生的学习过程和教师的教学过程，丰富学生的过程体验，实现教学的过程价值。深度教学要注重学生在教学过程中的切身体会、感受与经验，丰富学生的过程体验，是深度教学的要求，也是对学生学习过程的回应。深度教学还注重引导学生体验学习过程中的各种关系，体验学习过程中的丰富情感，体验积极的思维活动，即关系体验、情感体验和思维体验。

关系体验，是学生对知识学习过程中存在的各种关系的体验与感受，包

括学生与教师的关系、学生与同伴的关系、学生与自我的关系、学生与学习内容的关系、学生与学习情境的关系等情感体验，是学生对自身在知识学习过程中的情绪状态的态度、体验与感受。情感是学生知识学习的一条重要主线，个体在知识学习过程中需要体验丰富的情感，或热爱、厌恶，或愉悦、忧伤，或接纳、排斥。学生是否有积极的情感体验，直接影响着学生的学习的存续性。思维体验，即学生在知识学习过程中对各种思维方式的经历与体悟。思维体验直接反映学生在知识学习活动中是否进行了积极的思维活动，是个体在主动地思考还是被动地接受，学生的知识学习要经历分析与综合、归纳与演绎、类比与比较、具体化与抽象化等多种思维活动，学生思维活动的广度与深度，是反映学生知识学习质量的一个有效指标。

基于核心素养本位的思想政治教学，强调学生的生活体验是学科素养发展的主要途径。教学上，教师要根据教学目标，结构生活情境，将生活问题转化为学科问题，结合学科任务进行教学活动。学科考查时，也要将试题情境结构化，设计特定的问题，通过观察学生解决特定问题，完成相关学科任务时达成的行为效果，考查学生的学科核心素养水平。教学和命题工作，结构情境时，如何构建生活体验性的学科“问题”是关键。

（一）思想政治学科问题的内涵与外延

一般意义上的问题是指个体未能直接达到目标所处的情境。美国的纽威尔和西蒙认为：问题是这样一种情境，个体想做某件事，但不能马上知道对这件事所采取的一系列行动，就构成问题。根据思想政治学科特征，作为其情境设计落脚点的问题也有特定的学科内涵，它是围绕思想政治学科某个主题（学科核心素养），由情境的立意自然延伸而来，直接限定人的思维方向、内容、程度等，以引发或展示特定主体的思维活动（完成学科任务）为目的的情境设计。

1）**思想政治学科问题的结构**。思想政治学科问题通常由情境范围、学科知识、学科任务等三个基本要素构成。它像一条纽带，连接着情境、知识和素养。认知心理学认为，一般意义上的问题包含给定、目标和障碍三个基本成分。其中：“给定”指的是一组已知的关于问题条件的描述，即问题的起始状态，可以将其解读为情境材料（范围）；“目标”可以解读为待完成的学科任务；“障碍”的突破需要调用特定的学科知识。

构建中的思想政治学业水平命题框架，以学科任务导向为标志。学科任务被定义为“含有目标与待解决问题的行动”，这一行动包括“分类与描述”“解释与论证”“预测与选择”“辨析与评价”等四项内容，包含着“发现问题”“分析问题”“提出假设和检验假设”等四个相互联系着的问题解决过程。学科任务完成的过程就是目标实现的过程和问题解决的过程。四项内容和四个过程有着紧密的关系，如表3-1所示，它们甚至是可以对应的存在。

表3-1 问题和任务的对应

	问题解决的阶段	政治学科任务
1	发现问题	分类与描述
2	分析问题	解释与论证
3	提出假设	预测与选择
4	检验假设	辨析与评价

2）**思想政治学科问题的功能**。作为思想政治学科问题至少具有两项基本功能，教育功能和检测功能。

教育功能。按照思想政治课教学目标，结构问题情境，推动生活问题和学科问题的相互转化，调动学生的活动，培育学科素养，这就是思想政治学科问题的教育功能。

检测功能。以学科核心素养为特征的评测体系，要测量的学科核心素养（行为目标）是试题的核心。思想政治课问题情境，可以进行特定的命题结构化处理，通过组织特定的设问将“学科任务”与“学科知识”这两个要素结合起来，诱导学生调用学科知识完成学科任务，展现真实的学科素养，进而完成特定测试。这就是思想政治学科问题的测试功能。

2016年高考北京文综卷第29题提供了一个情境，“‘跑步热’的兴起，使一些城市的马拉松比赛吸引了众多的爱好者，赛事组织者常常面临报名者众多而参赛名额有限的困难。”这是一个结构化的简单的生活情境。当我们给它加上“请分析这一现象”或者“请解决这一困难”时，它就会转化为了包含一定任务的生活问题。此时的设问不加学科界定，解答将完全开放，虽然同样可以显现学生的素养水平，但由于这里的任务不能称之为学科任务，问题也不算学科问题，这就使这一问题失去学科效度。此时需要加上一定的学科限定，它就可能被改编成学科问题，将其用来辅助教学它可以被结构化成教学情境，将其用来测试又可以转化成命题情境。

3）**思想政治学科问题的分类**。依据标准的不同，问题可以进行不同的类别划分。实践中，根据解决问题的认识方式不同，可将思想政治学科问题划分为常规性问题和非常规性问题两类。根据问题的结构完善程度，可将其区分为结构良好问题和结构不良问题。根据问题所处不同场景，又可将其分为生活问题、教学问题与试题问题。

常规性问题一般是结构化的封闭型的，也就是说，已有一个确定已知的答案，几乎所有必要的已知信息都已经提供。学生解题方式主要从已有知识结构中提取，体现为记忆性、重复性而不是探索性。有些人认为这类问题不能称得上是真正的问题。非常规性问题通常是开放性的，没有确定的标准答案，而且还缺乏很多必要的信息。在这种情况下，学生对当前的情境处理，就需要以原来的认知结构作为思维素材，通过独立思考形成新的高级的认知结构，更多地体现为创造性和探索性地解决问题。

结构良好问题是指问题的起点、目标、允许的操作（运算）都很明确，结构不良问题是上述三者至少有一个没有明确界定的问题。这是心理学家雷特曼（Reitman）在1965年首次界定的。由于结构不良问题大量存在于日常生活情境中，因而也引起了众多研究者的关注。

经过查阅资料与对比思考，笔者认为生活问题是庞杂的乃至混乱的复杂现实中遇到的困境，具有不确定性、开放性和复杂性，大都是结构不良的；教学问题是经过结构化后的生活问题，指向的是带有学科知识内容为背景的思考；试题问题经过了进一步的结构，关注的是如何诱导学生表现出特定的接受测试的行为表现。

教学问题和试题问题共同构成学科问题。生活问题依托的是生活，学科问题更多关注的是知识。钟晓琳、朱小蔓曾撰文指出，“德育需要更明晰地探讨‘知识’与‘生活’的关系。……道德知识的获得需要个体生活经验的带入，个体生活经验的扩展需要道德价值的引导。德育正是基于‘知识’与‘生活’的这种关联才可能触碰到个体的内在生命，实现其应有的价值引导。”①所以钟、朱两位认为，“回归生活”的德育不能笼统地反对知识，有必要将对知识学习的认识与对知性德育的批判区分开来。

新一轮教育改革，传统的思想政治课教育因其忽视培养学生解决真实问题的能力而急待改进，而培养学生解决真实生活复杂情境中的结构不良问题及非常规性问题的能力，成了思想政治课教育改革关注的一个焦点。

（二）基于问题解决的思想政治课教学策略

问题解决是人类的一种基本的认知活动，也是学生获取知识的主要途径。安德森把问题解决定义为受目标指引的解决问题的程序，就是应用一定的操作使问题从初始状态经过一步步的中间状态，最后达到目标状态的过程。近年来，美国中小学教师结合各学科课程应用的创造性问题解决模式，将问题解决的实施过程概括为“认识挑战”“产生想法”“准备问题的行动计划”和“制定具体的问题解决方案”四个部分。构建中的思想政治课问题解决的模型，包括“分类与描述、解释与论证、预测与选择、辨析与评价”等四项学科任务。对应“发现问题”“分析问题”“提出假设”和“检验假设”等相互联系着的四个过程。根据这一理解，笔者认为在日常教学中应采取以下基于问题解决的教学策略。

1）**创设“真趣情思”的问题情境**。在几十年的教学生涯中，与学生与试题朝夕相处，我们会渐渐发现，得到师生喜欢的教学情境都有一种“美”感。这种美来自于情境中的“真”“趣”“情”“思”。

讲求“真”，给学生一个真实的世界。学生进入学校后，实际上就进入

①钟晓琳，朱小蔓．再论德育中的“知识”与“生活”——基于义务教育品德课程改革的反思[J]．课程·教材·教法，2014，34(6)：39.

了一个抽象的符号化的世界，这是个从生活中来的，但却回不去的世界。因为在实际教学中，我们对真实社会生活情境进行了结构化处理。我们会根据具体的教学或评价目标、要求、性质，剔除真实生活中无关紧要的，甚至会阻碍人们认识情境本质的细枝末节，保留关键性的事实与特征。但真实的情境可以帮我们寻找到一个桥梁，使得符号的认知能够与生活连接起来。

关心“趣”，给学生一个有趣味的生活。学科核心素养教育与显现的效率，跟情境本身对学生的吸引程度有一定关联。恰当的问题能充分激发学生的阅读兴趣，学生会被情境所吸引，一步步走向情境世界，开始思考、去发现、去探寻、去解答。一个内在的趣味性情境，经过结构化后，可以形成明确而深刻，简洁而明朗，但又不失复杂性的问题。

注重“情”，让真情伴随学生的任务活动。“真感情者，谓之有境界。否则谓之无境界。”情境这个词本身就是“情”在“境”前。有情才有境，空洞的无情的“境”是枯萎的无效的。情境之“情”，有国家之情、社会之情、生活之情、儿女之情、闲情逸趣之情……“细雨鱼儿出，微风燕子斜”，谁说就比不上“落日照大旗，马鸣风萧萧”?！境界有大小，而不分优劣。有深邃的感情的地方，一草一芥皆可为恰当的问题情境。

突出“思”，给学生宽阔的思维空间，尽力展现潜在智慧。刘勰在《文心雕龙·神思》中，把在想象力活跃时或处在灵感状态下进行的创作性思维活动称作“神思”，所谓“思接千载”“视通万里”，进入“神与物游”的神奇美妙的境界。人们在进行创作时，联想、想象一系列的思维活动空间极其广远。新高考构建的“一核四层四翼”的评价体系中，“四翼”表述的是“基础性、综合性、应用性、创新性”等四项要求。要实现“创新性”这一教育目标，问题情境的设计就要给学生提供宽阔的思维空间，为学生潜在智慧的展现提供一个有审美价值的平台。

2）**指导学生构建规范的问题解决流程**。经过研究，我们认为这一流程可被概括为，“正确的问题解读”“调控问题解决过程”“对过程进行合理评价”和“促进知识的结构化”四个基本流程。

正确的问题解读。对问题的解读直接影响问题解决的难易程度。由于人的工作记忆容量是有限的，而现实生活中的问题往往又非常复杂，以至我们的工作记忆很容易超载，因此，建立对问题正确的解读，必须对已有信息进行筛选。教师帮助学生解读问题，可以运用各种方式，比如可以绘制图表、描述图片、制作草图和信息树、设计流程图等，目的是结构化情境，简化问题。

调控问题解决过程。在基于问题的学习中，由于学生的个体差异，导致问题解决的途径不尽相同，遇到困难也不会完全一样。教师对学生问题解决活动的指导，应该通过提出相关的设问，对问题进行不同角度的限定。只有通过严格的设问限定才能将特定的“问题”锚定，以启发学生思维，激发学生思考。具体方法可以是针对学生出现的失误，界定引发学生思维冲突的设问。如果问题依然无法解决，任务推进艰难，就应进一步提出能使问题不断深入的后续问题。最后还要提供搜集解决问题的相关资料的方法，让学生学会如何查阅有关信息，锻炼探究问题的能力。

对过程进行合理评价。对学习进行评价是学习和教学过程的一个关键环节。教师不但要注重对学习结果评价，还要注重对学习过程进行评价。过程性评价能让我们及时了解问题解决过程中存在的问题，及时微调，这对于学习具有更实际的意义。评价的合理性，要结合学生对问题解决活动的参与程度、积极程度、贡献程度。

促进知识的结构化。优化认知结构，是提高学生能力的基础。能力高低的对比，其根本原因表现在两者在知识调用上的差异。“高手”头脑中的知识是分层组织的结构性知识。如果头脑里的知识采取零散和孤立的水平排列，那么一定不会是“高手”。为使学生头脑中有完整的知识图式，在解决问题时综合运用知识，适时触发联想，找到解决问题的途径，就要求教师在教学中要抓住知识的中心与要领，统揽全局，打破知识的章节界限和原有的知识结构，重建新的知识结构网络，从而避免教给学生孤立、零散的知识，帮助学生建立起层次性的知识结构。

泰戈尔说过：“这是最最遥远的路程，来到最接近你的地方……”构建中的“一核四层四翼”高考评价体系，确立“立德树人、服务选拔、导向教学”这一高考核心立场，以此为方向，教学与命题工作也由知识中心转化为问题中心，并逐步实现从能力立意向内化的、融合的、素质的深化，从能力立意向素养立意转变。作为中心的“问题”，如何做到以知识为基础，以能力为中心，以素养为追求，已经成了我们最遥远的路程。吃透它对我们的教学与备考具有重大意义，对我们的教育事业意义将更大。从某种意义上说，这甚至影响到新一轮教育改革的成败，这才是中国教育“自己的门”。

四、借助智慧平台，构建时政情境，外现核心素养

时政教育是思想政治课的教学任务之一，也是高考大纲规定的考查内容。“17课标”明确要求，政治课要完成“描述与分类”“解释与论证”“预测与选择”“辨析与评价”四项学科任务，时政教学就包括其中。培养政治课“政治认同”“科学精神”“法治意识”“公共参与”的四项核心素养是时政教育的必然选择。我们要创设有梯级的体现社会主义核心价值观，体现立德树人教育目标的时政情境，将核心素养的培育落实在一定层级的教育内容载体中，使学生的成长过程依托于科学的学习顺序，带领学生树立自觉的道德意识。

以学科核心素养为归宿的时政教学设计，是一个结合相关的学科任务，围绕特定议题，着眼综合性探究，进行积极价值引领的情境创设过程。当前不少时政课堂存在诸多问题，笔者结合长期的实践与思考，借助基于网络的智慧课堂平台，依托课程标准的一些观点，从三个方面谈谈对有效时政学习情境构建的理解与运用。

（一）围绕特定议题，借助智慧平台，让时政课具有活动性

时政有很强的时效性。受课时安排与教学进度的限制，教学中，很多教师回避时政课，少部分教师则采取集中某一段时间以资料解读的形式进行时政展示，也有的教师以让学生进行课堂几分钟演说的形式阐述近期的时政内容，当然也有人以板报（宣传海报）的形式进行。但这些做法大多流于罗列事实，难以收到时政教育的预期效果。时间稍长，师生就会对这样的时政课

失去兴趣。究其原因，主要在于这些时政课阐释问题的集中和深入程度不够，活动不够，与生活的关联性思考不够。教师分析的事情和内容，大都来源于网络的流行说法，学生能够自行获得，这样的时政学习师生都很难有思维的享受。

如何采取一定措施，突破这些弊端，达到预期的时政教育效果？首先，一堂有效的时政课关键要有确定的相对集中的活动议题。这样的议题，既要能结合时政课程的具体内容，又要能展示价值判断的基本观点，同时要具有开放性、引领性，有重点突破、难点解析，总之要有比较系统的立足于活动型学科课程的教学设计。其次，这样的设计还要借助于一定的平台进行相对集中的信息收集与展示。为此，我们申请了一个微信公众号，进行时政栏目分类，开放留言功能，构建一个信息收集和展示的“智慧”云平台。依托这个平台，教师根据设计的特定议题，布置相关任务，让学生通过平台进行课前学习、交流与讨论，并完成一定的作业。再根据具体情况需要，安排一定课时的教学时间进行归纳和总结。下面列举一个教学案例进行说明。

案例01

议题：美国的总统大选

2016年11月8日，美国进行总统大选。总统大选是美国的一项重要政治活动，也是影响世界的一项活动，每隔四年进行一次，活动反映了美国社会的价值追求。以如何认识美国总统大选为议题设计活动，这一议题分为三个层次进行：选前的背景研究，投票后统计揭晓前的美国社会研究，选后的美国相关政策调整研究。我们以第一个层次为例，大选投票前，组织学生搜集与美国总统大选有关的各种素材，收集并比较其他国家的政府首脑选举。在此基础上，组织学生讨论以下问题。

- 美国总统大选的制度有哪些？
- 美国总统大选对美国的社会生活哪些方面会产生影响？
- 中国的选举制度是什么样的？

围绕这个议题的三个探究，可帮学生领悟社会存在决定社会意识的知识点，解析价值观的形成与时代和环境密切相关，并带领他们“积极参与政治生活，放眼世界风云、紧扣时代脉搏，开拓面向世界的眼界”。通过对美国总统大选的探源，比较不同国家的选举形式，思考不同国家、民族的价值标准及其差异，探究出价值追求同人们价值观之间的联系，进而探讨社会主义核心价值观对国家、社会和每个人的发展作用，等等，这些都是我们政治课学科核心素养的主要内容，或者是其表现形式。学生通过参与上述议题，进行相关活动，至少培养、锻炼了“描述与分类”的能力。实际活动中，教师再根据学生的表现，依据表3-2进行评价，评价活动情况，引导活动过程，逐步推进学生的能力层级。

表3-2　学科任务完成能力评价

维度	等级				总评：
	A	B	C	D	
积极参与资料的收集、整理					小组评价：
信息收集的精确、充分、有条理，积极表达见解					
与小组同学相互配合，并能为小组观点提供例证					
系统地形成小组的观点，为主要观点提供详细的解释例证，并能依托收集的资料进行一定的预测					
对美国大选的历史、影响等认识深刻、观点独到，并能对比中美选举制度进行正确的辨析与评价					

这个案例设计的活动和问题，借助的素养层次并不高，情境信息相对也比较单一。在实际操作中，学生的积极性自发调动。就在大选投票当天，参与任务的班级想方设法，哪怕是利用课间几分钟的时间，也要借助班级互联网随时了解投票的进程，并展开即时的积极讨论。这一活动让学生充满激情与理性。

每一个有设计的时政课教学活动，都要有一个特定的评价过程，这是课堂教学的一个重要环节。这种评价的聚焦点是学生的学科素养养成，表现形式是学科任务的完成层次。实际中可采用“求异”取向与“求同”取向相结合的“差别式评价”标准，即“有统一标准、无标准答案”。这一评价活动，可采取小组学生互评兼教师点评的方式，借助学校发放的由学生使用的平板电脑，利用专门的互联网App进行。为此我们还设计了对应的评价数据库。

（二）利用App媒体，强化理性辨析，用积极的价值引领时政教学

有很多身边的时政议题容易“太近”“太敏感”而被我们“忽视”。时政教育不仅要面对那些“远在天边”的“大”事情，还要直面身边的价值“小”冲突。有些特定的议题，教师确定并进行教学设计评价，可以作为学科任务布置给学生，对于其中简单的内容收集和观点阐释，学生借助一定的工具就可自行开展有引导的学习活动，教师进行必要的监督即可。而对一些有价值冲突，结构复杂的时政议题，就需要教师的精巧设计并积极参与，同学生一起沟通探究、发现问题，解决问题，这也是在教学中切实强化价值引领的过程。这就进一步要求我们的时政课的情境设计应立足于当今时代发展的新变化，直面社会文化思想影响的新特征，学生接受各种观点的方式明显增多的新态势。如何引导学生通过一定开放的辨析式的学习过程，理性面对有差异的观点，敢于质疑，是一个很有挑战的学习与教学过程。比如案例2。

案例02

议题：“互联网安全”中的理性抉择

互联网早已无孔不入，人们不再是孤立的个体，而是交织成一个个互联的关系网。科技带来的好处是可任意自取的海量信息，但这也意味着隐私暴露。一旦网络安全的关卡未能严加把控，当私人及企业信息如潮水般倾泻而出时，损失不可估量。

2016年11月7日，十二届全国人大常委会第二十四次会议经表决通过《中华人民共和国网络安全法》（以下简称《网络安全法》），这是中国第一部有关网络安全方面的法律，该法自2017年6月1日起施行。

有人认为这一法律对个人的网络言论有一定的约束，不利于网民的“畅所欲言”。同时，《网络安全法》将提高互联网企业的市场准入门槛，对发展运行也提出了更高的要求。尤其，在法律规范下，不具备安全技术能力的中小企业，未来可能更容易被淘汰。这样又提高了中小企业的创业门槛。

在“互联网+”时代，如何看待和利用互联网，如何面对网络安全，如何遵守相关网络法律是学生必须面对的现实问题。以上述情境为依托，引导学生在反思自己生活经验的过程中进行辨析，在理性思考的基础上形成正确的价值判断，是培育理性精神的重要议题。为达到这一目标，请学生借助时政微信公众号完成以下任务。

- 从互联网利弊两方面搜集资料，展现互联网给我们的生活带来的影响。
- 阐释我们应该如何看待这些利弊。
- 辨析与评价对《网络安全法》的两种不同的评价，表达出自己的观点。

围绕上述议题，借助一定情境，学生在进行辨析、判断和选择时，必然要作出实时的评价。此时，教师要积极鼓励学生敢于表达自己的看法，引导学生从不同角度分析不同的观点依托的理由，鼓励他们敢于阐释有自己特色的见解。在大家的沟通和共同努力下，集体要以宽容的态度看待学生表达出来的错误观点，同时用适当的方法提示学生完善观点，纠正错误。

在课堂活动中，我们借助表3–3进行一定有引导性质的评价，以推动学生完成“解释与论证”“辨析与评价”的学科任务，并结合这些任务的不同层级给学生以必要的指导。这一活动可以在提升公共参与素养的同时，也培养科学精神、法治意识等学科核心素养。

表3–3　学科任务完成能力评价

<table>
<tr><td rowspan="2">维度</td><td colspan="5">等级</td><td rowspan="2">总评：</td></tr>
<tr><td>A</td><td>B</td><td>C</td><td>D</td><td>E</td></tr>
<tr><td>敢于表达自己的观点</td><td></td><td></td><td></td><td></td><td></td><td rowspan="3">小组评价：</td></tr>
<tr><td>准确地表达自己的观点，并能为主要观点提供例证</td><td></td><td></td><td></td><td></td><td></td></tr>
<tr><td>辩论中善于倾听、尊重他人的观点</td><td></td><td></td><td></td><td></td><td></td></tr>
</table>

续 表

维度	等级					总评：
	A	B	C	D	E	
运用历史的、辩证的观点和方法，分析互联网安全，认识安全问题的本质						
通过辩论反思，做出科学的有创见性的回答，并进行正确的价值选择						

上述活动，依然是借助微信公共号平台，设计了必要的议题后，课前布置任务。这一议题形式的落实，需要更加具有互动性的交流平台。为此我们编制了有交互功能的App讨论平台，为学生辩论的流畅展开提供专业的交流通道，并对热点的、有价值的辩论片段进行课堂展示。在对课堂进行引导时，采取了五个步骤。第一步，发现差异。整理学生的论坛发言，引导学生从对相关问题的不同认识中，发现自己的判断与他人的区别。第二步，表达认识。从特定的话题展开引导学生学会在交流中理解别人的观点，并积极陈述自己的有根据的理由。第三步，做出判断。在交流的过程中，通过与他人观点的比较，发现更具有合理性的观点，寻找可以求同存异的观点，最后尝试达成共识。第四步，行为选择。结合辨析过程不时地反思，校正特定的行为选择偏差。第五步，价值确立。通过思维过程，加深情感影响，形成价值选择。

（三）借助模拟活动，结构化情景，创设综合性的案例实践

思想政治课课程内容涉及哲学、经济学、政治学、法学等学科，本身就具有综合性。现实社会中的时政事件，具有超越学生理解能力之外的复杂性。时政课教学与评价必然面对内容的广泛性，情境的复杂性的挑战。在设计时政教学情境时，既要重视观察对象的多维度，又要注重探究途径的多样性，力求凭借综合的视点整合相关内容，提升综合能力，指向整体性的核心素养养成。

设计一次有效的时政学习，即使有了议题，有了交互辩论的通道，有了

特定的学生评价，但如果教师的功能不充分发挥出来，这样的时政课仍然是浅层次的。因为在大部分情况下，以学生的阅历和理论背景，对时政内容解释与理解的深度和层次是不够的，毕竟很多时政现象的背景是复杂的多变的，对其深层次的问题进行探讨研究，需要更高的素质修养。学生也喜欢有一定深度的，让自己惊讶的时政分析。这样他们才觉得在一节时政课上“学到”了东西。比如案例3。

案例03

议题：欧洲“难民”问题的利益纠葛

2015年欧洲难民潮源自局势不稳定的阿富汗、伊拉克等国以及像叙利亚这样爆发内战的国家。他们无法前往富有的阿拉伯国家，因为沙特等海湾国家关闭了边界不愿接纳他们。欧洲则不然，一些欧洲国家如德国表示愿意接纳他们，因此这些国家对他们具有吸引力。“如何偷渡去欧洲”，现已成为叙利亚人私下里讨论最多的话题。为了逃避战火，为了一个扑朔迷离的未来，越来越多的叙利亚人选择孤注一掷，踏上这条生死未卜的偷渡路。但，欧洲并没有做好准备。

难民潮引发欧洲经济社会问题和人道主义危机，成为一些国家难以承受的重压，考验着欧盟内部的团结和应对能力。难民问题又开始引发民族问题和宗教问题，正在深刻地改变着中东地区乃至欧洲地区的生产、生活、贸易和政治生态。中东和欧洲陷入焦躁不安的情绪，地区的稳定又关系到世界的格局。

我们希望这次危机能得到妥善的处理和化解，让人们不再遭受苦难，让和平与稳定洒满整个人间。现在请搜集资料，探究思考以下问题：

●欧盟一直以美国的忠实盟友自居，但由美国干涉中东造成的动荡局势，美国是如何考虑欧洲的利益的？

●中国对难民问题的态度是什么，采取了哪些应对措施？

●俄罗斯觉得自己受到了哪些伤害？其进一步的应对措施是什么？你如

何评价。

现在模拟联合国活动的架构，组织一个特别协商会议，对难民问题的解决进行模拟演示。其中一个议程是：叙利亚各方和平谈判。请就下面两项措施展开各方会谈磋商。

措施一：停战。包括美国停止支持反对派，俄罗斯撤兵等。

措施二：收容。包括开放欧洲国境，加强难民融入欧洲社会等规划研究。

- 协商形成模拟参会的国家和派别名单。
- 选择自己代表的国家或地区进行国家历史背景研究。
- 以上述两项措施为背景形成自己的国家立场，并阐述理由。

这一议题中设计的相关活动，综合而相对庞杂，是对学生是否能完成“描述与分类”“解释与论证”“预测与选择”“辨析与评价”这四项学科任务的一个总考验。总体上“预测与选择”是此议题的中心能力要求。实施综合性教学评价，重点是关注学生整合知识、理论联系实际，分析和解决问题的能力。进行综合性评价的过程，也是反思和评估情境创设、案例选取是否得当、是否高效的过程，可据此进一步推敲情境、优化案例，不断提高教学效率和效果。表3-4是为这一活动设计的评价标准。

表3-4 学科任务完成能力评价

<table>
<tr><th rowspan="2">维度</th><th colspan="4">等级</th><th rowspan="2">总评：</th></tr>
<tr><th>A</th><th>B</th><th>C</th><th>D</th></tr>
<tr><td>代表一个利益主体积极参加模拟活动，初步形成自己的观点</td><td></td><td></td><td></td><td></td><td rowspan="5">小组评价：</td></tr>
<tr><td>准确地表达自己的观点，并能为主要观点提供例证</td><td></td><td></td><td></td><td></td></tr>
<tr><td>模拟活动中善于倾听、尊重他人的观点，并提出有一定建设性的观点，推动活动进程</td><td></td><td></td><td></td><td></td></tr>
<tr><td>综合运用政治的、历史的、经济的、哲学的、法律的观点和方法，分析难民问题的本质</td><td></td><td></td><td></td><td></td></tr>
<tr><td>通过模拟会议活动，进行正确的价值选择，提出科学的有创见性的解决方案</td><td></td><td></td><td></td><td></td></tr>
</table>

这一活动议题包含的情境，有着丰富的、可发掘的学科内容信息。在设问上，由于没有规定针对问题的角度，为综合运用相关学科知识提供了开放的视野，学生可以从经济、政治、法律、哲学等角度谈自己的看法。该情境案例的教学，综合性很强。所有特定观点的论证，都需要依赖相关学科知识的支撑，贯通多学科的视角。

有效的时政课教育，时政教学设计要具备活动性、综合性、价值引导性等特征。时政活动的展开要借助一定的议题、平台、模拟事件。时政课堂的落脚点是完成“描述与分类”“解释与论证”“预测与选择”“辨析与评价”四项学科任务，归宿是“政治认同”“科学精神”“法治意识”“公共参与”的四项学科核心素养。教学中还要伴随不同层次的评价引导，这样完成“必备知识”“关键能力”“学科素养”“核心价值”这四个层次的学科目标才会有保障。当然，一个完整的时政教育，最理想的情境是走出教室，开展真实的社会实践活动。

五、依托“四维三度”，让课堂效度从感性走向可解释的论证

课程改革要进一步改变我们的课堂，怎么证明新课堂是最有价值的，至少是有价值的，这需要对“课堂效度”进行必要的理论与实践研究。依据“17课标”提供的学科任务导向型学业水平检测体系，利用最新的效度研究范式，我们可以为课堂提供一个可接受的效度解释。这里的“课堂效度”研究将是一个持续的、层层深化的论证过程。

随着“17课标”的颁布，以及配套的新版教材的逐步使用，新一轮高中政治课程改革已是离弦之箭。“17课标”阐释了思想政治课程的性质理念、素养目标、结构、内容、学业质量标准以及实施建议等，为我们的教学改革指明了大方向。完成课程改革的预期目标与要求已经成为我们当前研究与实践的重点。但如何去验证这些研究与实践符合预期目标，对这些预期的结果进行可接受的解释与论证，又成为亟待解决的关键课题。对课堂进行效度研究，找出“课堂效度”的关键指标体系是当前我们的研究工作与教学实

践的首要任务，否则这些研究就会出现理论和实践脱节，自说自话，于我们教育事业毫无补益。

（一）效度及“课堂效度”

效度用来表示一项研究的真实性和准确性程度，也就是通常说的达到目标的程度。一项研究所得结果必须符合其目标才是有效的。“课堂效度”被理解为一节或者一个核心主题的课堂，其教学设计与实施过程实际获得的结果与预期目标之间的关联程度。

在测量方面，效度一般指一种测量手段能够测得预期结果的程度。“课堂”的效度检测也涉及一定检测手段和工具的使用。在教育与心理测量学历史上，效度的研究经历大致两个时期四个阶段。前期研究经过了内容效度、结构效度、效标关联效度三种主要类型的发展。现在，“效度研究被视为一种通过构造‘理由系统’和‘理由网络’对效度进行‘论证’、对测验分数做出可接受的（plausible）解释的过程①”。对此，美国教育研究协会和美国心理学协会最新版的《教育与心理测验标准》有较详细的阐释与探讨。我们认识到，效度是相对的，它与研究和设计的目标密切相关，比如一堂课，一次测验，无论程序、结果如何，它们都有其特定的效度，只是程度上有差别而已。

（二）“课堂效度”的标准选择

课堂是一个客观实在体，衡量这个实体需要一把尺子，这把尺子就是“效标”或称为“标准”。问题的关键是用哪把尺子最恰当、最适合、最有效率。日常，我们可以用经验与感观评价一堂课，但这具有较大的主观性。为了找到一个一般性的可被广泛接受的课堂客观评价，我们走了很多路，最终还是选择“考试”及其分数作为一个可接受的“标准”，但对这些分数的使用不当，又会被诟病为“应试教育”。

1）**以感观与经验标注课堂效度**。这是时下流行的对优质课等展示型课堂

---

①参见谢小庆.测验效度概念的新发展[J].考试研究,2013(3):57.

的评价体系。"素质教育"改革开始时，有的地方评课以课堂回答问题的学生人头数来衡量课堂的有效性。后来又以课堂有没有把学生按照成方块型排列的桌子分成小组进行学习，有没有使用课件以及课件设计是否美观等来作为评价标准。很久之后，才有人开始深入地对课堂的教态以及课程的整体结构的有效性进行思考。比如，有专家就总结出了"教案优不优、课件美不美、教师靓不靓、情境新不新、知识明不明、问题精不精、主题清不清、活动乱不乱、评价正不正、流程畅不畅、预估成不成、特色新不新"等十二个评课要点，一句话：要热闹，要有美感，要一气呵成。无疑，这些评价要点比以往进步了很多，但依然会让我们把注意力停留在表面的观感上。虽然并不能说这些手段是无效的，但课堂要做到这些，基本只能靠课前经过严格的排演与设计了。这些课堂对日常教学有没有价值，其价值与意义何在，还缺少一个系统的论证研究。现实中它们更倾向于引导特定的课堂走向艺术性的表演层面，所谓"秀课"就是它们经常被诟病的地方。而且这些以感观与经验标注的课堂效度，其本身并不构成我们的教育目标，它们最多只是有利于实现某些特定的教育目标的一些有益的手段与形式。至于这些形式本身的有效性，它们对一堂课影响的程度如何，对学生的学习能力的作用如何表现出来，等等，都还是需要以另一个标准的"效标"研究来进行论证与探讨。

2）**以可测量的"标准"来标注课堂效度**。我们曾经用"素质"这个概念来作为衡量课堂效度的效标。可素质本身如何衡量，对其衡量的意义何在，本身就是一个亟待研究的问题。如果用学生在未来社会生活表现出来的"素质"来衡量，那么这些适应社会生活能力（课标要求）的时间跨度是否太长。假定我们可以等待十几年，再以学生在未来的社会能力来衡量我们的当前的教学指标，那时候这些指标的效度如何，更是很难论证或者无法论证的。如果现在就以这些具有极大的主观性的标准来衡量我们的课堂，最后又会将我们的论证带入循环论证的怪圈。现在，"素质"概念换成了"素养"或者"学科核心素养"，同样的问题依然出现：这些素养能不能被测量，如何测量这些素养，测量这些素养的指标本身效度如何？在实践中，这些问题都需要被进一步的解释与论证，否则又会回到另一个循环论证的圈套中去。

当然，无论我们选择什么样的指标作为验证课堂效果的“标准”，最后都离不开一个可测量的指标及可解释的结论。这些结论的真实性还需要大量的证据支持，需要对其关联性进行进一步可接受的解释与论证。所幸的是“17课标”为我们提供了一套可接受的标准解释与论证过程。它为我们提供了一套较系统的学业质量标准参照模型，构建了初步的以四大核心素养的四层水平划分为标准的学科任务导向型学业水平考试检测框架。

依据这些框架，课堂设计时我们可构建出基于思想政治学科核心素养本位的情境，将学科问题与学科内容结合起来引导学生对必备知识的学习，再将它们与作为媒介的学科任务结合，培养学生的关键能力。进一步依托学科内容、以学科任务为媒介，通过在情境平台上观察学生的关键行为表现，界定学生的学科素养层级[①]。与其对应，我们的“课堂效度”研究论证即可依此为基础逐步展开。

3）**“课堂效度”：一个可解释的论证过程**。作为微观的课堂效度与作为学业水平质量标准的总结性检测与评价，虽然有一定的差别，但在最新的效度研究范式中，效度研究不再是简单地计算测验分数与效标之间的相关性，也不再是简单的收集证据或者事实，而是一个持续的、层层深化的、无止境的研究过程。按照课堂效度与学科任务导向型学业水平考试检测框架的关联性，通过一个个循环论证，我们还能实现高考“一核四层四翼”的能力目标检测体系。尽管高考测量的概念是基于高等教育的要求而非仅仅用来体现课程标准要求的学科核心素养相关指标，但理性的高考需要秉承立德树人“一堂课”、服务选才“一把尺”、引导教学“一面旗”的任务。为了提升高考的育人功能和积极导向作用，它也会涵盖基础教育的“标准”。

下面我们以“17课标”中“附录2教学与评价案例”提供的设计为例，简要描述一下依据学科任务导向型学业水平检测体系对一节课的“课堂效度”进行论证的过程。

①参见张立华.构建素养本位的学科问题情境[J].思想政治课教学,2018(5):40.

4）**典型案例及其提供的效标。**课标提供的案例主题形式是“深度融合信息技术的教学方式”，其教学目标是“结合实例，阐释文化的继承性，认同中华文化，树立对待传统文化的正确态度，增强文化自信，主动传承中华优秀传统文化。”

该课例为了检测课堂过程的实际结果与预期目标之间的关联程度（即课堂效度），设计了至少三次检测性的效度验证过程。

第一，收藏学生的作业，让学生对自己的作业进行说明。

第二，教师设计2~3道选择题，要求全体学生作答，根据电脑统计的数据，直接、准确、有效地掌握学生的课前学习效果。

第三，教师展示针灸、静脉注射、故宫、京杭大运河图片，并提问：哪些是传统文化？为什么？

虽然，课程标准并没有对这些设计的具体内容、检测的效果进行实质性地验证性记录，但这已经为我们的效度论证提供了论证的可能。

5）**对典型案例的课堂进行“效度”论证的简要过程。**此时，我们的“课堂效度”研究就是一个依托课例提供的随堂检测题为“效标”，对课堂效度进行论证的过程。这个效度检测过程就是反对者和支持者的一场论辩的过程。反对者认为随堂检测不能作为课堂效度的论证手段，支持者认为能。支持的一方努力用检测（考试）来作为效标，并为其效度进行辩护。反对的一方对检测作为“效标”的效度进行种种否定与质疑。

支持者认为，随堂检测的成绩与学生学科能力和素养之间相关。反对者认为，这种相关无法提供合理的论证过程，其相关系数也未能提供进一步明确的论证。反对者还提出，假定通过合适的检测获得的成绩与学生素养之间具有相关性，那如何保证这些检测是合适的且符合标准的？

为此，支持者会利用必要条件进行适度的弥补。他需要进一步地假设：学业质量水平标准及其相关范式具有理想的效度，设计的检测是按课标的评价标准设计的，检测的样本具有代表性，选取的学生也能反映群体的素养水平且具有普遍的代表性，检测结果是真实的，该检测能反映学科核心素养。

论争的过程中，双方都发现不积极参与课堂，未按照设计回答问题的学生的学科素养无法得到准确的检测。这就需要对其进行限定。此时某一个论证层次的必要条件和反驳，可以是另一个论证的结论。比如“该课堂类型未与其他常规课堂手段进行有效性对比研究”作为一个反驳，可以通过“该课堂类型比其他常规课堂类型有更大的效性”来进行论证。“仅靠检测题无法合理预测学生的能力与素养”需通过“合乎标准的检测手段可以合理预测学生的能力与素养”的论证来维护。

这样通过论辩，一方面为此类课堂形式及以课堂检测作为效度标准尽可能地赢得支持，在更多的领域拓展其应用；另一方面，此类课堂类型和检测的应用范围也会被严格界定，避免对其结果的误用。整个论证过程我们通过图3–3进行简要归纳性的描述。

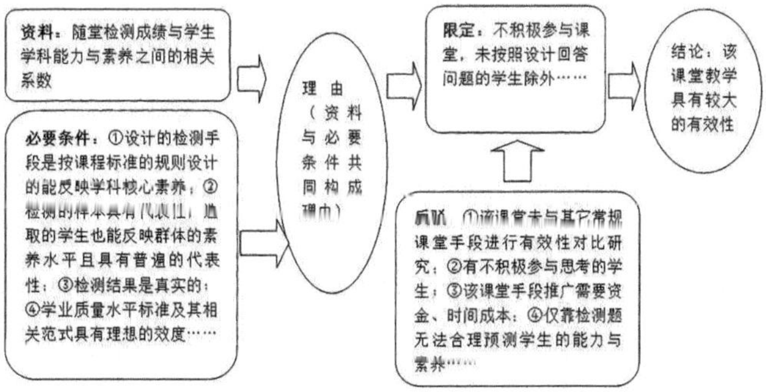

图3–3　“课堂效度”的论证过程

6）结束语：可接受的“课堂效度”解释。正如我们知道，科学研究大都会基于一些前提假设之上。比如，我们要检测一段距离的长短，我们预设的假定前提是“用来衡量的测距仪器是规范的”和“这段距离是恒定的，不随它的依附物的变化而变化”。显然有些假设可能被质疑，但只要这些假设是可接受的，即可用来作为研究的根据，就可以被接纳。如果我们要求所有假设都是绝对准确的、有效的、合理的，那么任何研究都将无法进行。今天教育改革处在一个大变革时期，我们面对的研究问题有很多，甚至可以说随着我们研究的深入，我们面对的需要验证的问题将以几何级数增加。但这些都不能作为让我们畏惧的前提，认识本身就是一个不断深化与发展的过程，绝对静止的认识本身就是不存在的。

“课堂效度”关乎课改的成败，但实际情况是，不论是在国际还是国内，在教育测量研究领域中关于这些效度的研究很有限。理论上对效度的强调与实际中对效度研究的忽视，形成了强烈反差。这也是导致考试分数的误用，使考试受到批评和攻击的主要原因。所幸的是，目前高考研究的整体进展拓宽了高考效度问题的研究空间，高考的效度已不再是一个单一的问题，而是以它为中心形成了包括一系列相关问题的“问题簇”。“课堂效度”的研究也是这些研究延伸出的问题之一。只有大胆的假设，小心地求证，以便尽可能地为我们的教学实践提供可接受的课堂效度解释论证，才能为教育改革的进一步推进提供理论和实践的支撑。

下面，笔者以几个课例来论证本章探讨的问题。

课例01

“发展生产满足消费”说课稿

关于“发展生产　满足消费”的教学，我将整个说课程序分为“教材分析、教法选择、学生分析、学法指导、教学过程、板书设计”六个部分进行。

第一部分　教材分析

（一）本框的地位和作用

本框探究的物质资料生产方式是政治经济学研究的起始点，在《经济生活》全书中承接第一单元的“消费”环节，引出为何要大力发展生产力及怎样发展的关键问题，阐释物质资料的生产是社会再生产四个过程的决定性环节，起着承上启下的作用。学习本框还有助于学生认识社会主义的根本任务和工作中心，增强学生的政治认同素养和科学精神追求。

（二）教学目标

1）**素养要求**：通过对生产特征与地位以及与消费关系的全方位描述与探究，理解马克思主义政治经济学理论，在政治认同的基础上努力参与社会实践，提高社会参与能力。

2）**学科任务**：解释与论证生产地位及其特征，分析评价生产在新时代“全面建成小康社会”及“人民日益增长的美好生活需要和不平衡不充分的发展之间的矛盾”解决过程中生产与消费的不同地位和作用。

3）**三维目标**：（1）知识与能力目标：通过教学，使学生识记生产与消费的关系、社会再生产的四个环节及其相互关系，了解社会主义初级阶段的主要矛盾；理解我国大力发展生产力的原因、意义及如何发展生产力；能运用生产与消费的关系，解释现实经济生活中的相关经济现象。

（2）过程与方法目标：通过对生产与消费之间辩证关系的学习，培养学生透过现象看本质的观察分析能力和自主探究能力。

（3）情感态度价值观目标：通过教学，使学生拥护党的基本路线；认识到社会主义的根本任务是发展生产力，各项工作都要服从和服务于经济建设这个中心环节。

（三）教学重点、难点

1）**重点分析**

重点1：生产与消费的辩证关系

原因：学生只有正确把握这对关系，才能深刻理解我国社会主义的根本任务为什么是发展生产力、我们为什么要以经济建设为中心等基本问题，提高科学精神素养。

重点2：为什么要大力发展生产力和怎样发展生产力？

原因：让学生了解这一知识，有利于他们了解国情，拥护党的基本路线，增强政治认同。

2）难点分析

难点：生产决定消费的四个途径

原因：生产决定消费的四个途径比较抽象，对其关系不易区别理解，却是命题常规考点。

（四）教材的处理

充分利用书上的漫画，有选择性地结合书中的四个探究活动。这样既直观，又体现例子的典型性、精练性。由学生自己阅读材料，进行讨论，并从学习过的知识中提炼观点。这样有利于调动学生的发散思维、培养创新意识，懂得知识迁移，使教学更具启发性。

第二部分　教法选择

核心素养视域中，学科教学目标体系追求活动与过程，淡化内容与结果。根据笔者关于活动型学科课程“四维三度”体系教学法，本课定位知识和思维层面，探索利用议题式引导开展活动型思想政治学科课程教学，完成“四维三度”结构的学生学科素养培育。

1）**分析信息讨论探究法**：这体现新课标精神，符合高考考试大纲的要求，有利于提高学生的综合素质、学科素养，发挥学生的主体作用。

2）**议题探究情境教学法**：用议题案例更加通俗易懂，利于调动学生课堂参与的积极性，提高活动型课程的特征价值。

第三部分　学生分析

学生学习了第一单元有关商品、货币和消费的知识，对经济生活的常规概念已经有初步了解，为什么要大力发展生产力这个问题他们在初三也初步接触过，但对生产的地位和作用，生产和消费的辩证关系的几个层面、如何发展生产力等问题他们并未深入了解。所以，在教学中应该增强针对性与策略性。

第四部分 学法指导

教与学是相通的，教师的教可帮助学生更好地学。通过教学，要求学生掌握如下学法达到“知行合一”的教育价值。

1）**有效信息阅读法**：这有利于提高学生的提取、观察、分析、归纳信息的能力，提高学生的学习主动性。

2）**议题案例分析法**：这是为了克服以前那种死记硬背、生搬硬套的不科学方法，让学生学会巧妙记忆、巧妙地理解与参与。

3）**知识思维迁移法**：学科知识是相互联系的，学生要学会全面掌握知识，真正做到“温故而知新”，知行合一。

第五部分 教学过程

1）导入新课

<table>
<tr><th colspan="3">议题过程</th><th rowspan="2">设计意图</th></tr>
<tr><th>情境内容</th><th>任务设计</th><th>知识引导</th></tr>
<tr><td rowspan="3">展示智慧校园的相关图片</td><td>消费的这些商品和服务从何而来</td><td>生产决定消费</td><td rowspan="4">让学生能够巩固已学的消费类型的知识；初步懂得消费不是由主观决定，而是由客观物质状况决定，做到“温故而知新”</td></tr>
<tr><td colspan="2">学生讨论：(略)</td></tr>
<tr><td colspan="2" rowspan="2">教师总结：商品和服务必须通过生产创造出来</td></tr>
<tr><td>学生：分类说明</td></tr>
</table>

2）实施教学任务一

活动内容	引出话题	使用手段	预期效果
学生：多角度解读标题“发展生产 满足消费”	生产与消费的关系（第一目内容）	幻灯片（展示漫画、图片）	a.通过漫画的讨论分析及几组相关问题的解决，进行由浅入深、循序渐进地启发式教学，激活学生内在的求知欲，引导学生积极思考、独立探究、自行发现并得出正确结论，掌握“生产决定消费”的观点，突出重点，突破难点，达到教学目的 b.通过形象比喻及相关图片的展示，调动学生思维，活跃课堂气氛，发挥学生的主体作用
	学生讨论分析：（略）		
教师：侧重于标题的逻辑关系	教师提问： （1）漫画“今非昔比”中，坐拥江山和美人的皇帝为何坐不上飞机、吹不了空调？ （为得出“生产决定消费的对象”） （2）在出行方面，皇帝只能坐马车，现代普通人却能坐上飞机，说明了什么问题？ （为得出“生产决定消费的方式”） （3）飞机比马车快得多，高档得多，说明了什么变化？这种变化得益于什么？ （为得出“生产决定消费是质量和水平”） （4）假设莱特兄弟没有发明飞机，人们会不会有飞上蓝天的冲动或向往？这种向往能否实现 （为得出“生产为消费创造动力”）		
	学生思考解答：（略）		
	附加：回答（1）后，教师给出形象比喻：种瓜→得瓜→吃瓜 回答（2）后，展示一组说明消费方式变化的对比图片		
	教师总结：生产决定消费，没有生产，就没有消费，人类的历史就是生产发展的历史，物质资料的生产是人类社会赖以存在和发展的基础		
师生共同分析探究活动2：“以上消费观念，与当时的生产力发展水平有什么联系？”	学生小结：（略）		c.运用所学知识解决探究活动的问题，可以巩固知识点的学习
	教师总结： 生产力水平落后，消费水平低，说明生产决定消费		

3）实施教学任务二

<table>
<tr><th>活动内容</th><th>引出话题</th><th>使用手段</th><th>预期效果</th></tr>
<tr><td rowspan="2">学生：
解读探究活动3：
“消费对生产有什么影响？”（见教材p29）</td><td>消费对生产具有反作用</td><td>幻灯片
（展示文字材料）</td><td rowspan="3">通过对文字材料的分析，增强学生的阅读理解和归纳总结能力，学会分析案例，掌握“消费对生产具有反作用”的观点，再次突出重点，突破难点</td></tr>
<tr><td colspan="2">学生分析：（略）</td></tr>
<tr><td>教师：
参与学生的讨论分析</td><td colspan="2">教师总结：（演绎法）
①消费是生产的目的，只有生产出来的产品被消费了，这种产品的生产过程才算最终完成
②消费所形成的新的需要，对生产的调整和升级起着导向作用。（如：人们消费黑白电视时，希望能看彩色图像，刺激生产者调整生产，并实现升级。）
一个新的消费热点的出现，往往能带动一个新的产业的出现和成长。（如：彩电消费成为热点时，带动了彩电业的发展。）
③消费为生产创造出新的劳动力，能提高劳动力的质量，提高劳动者的生产积极性。（因为生产离不开人的作用，要发挥人的生产作用就必须让其进行消费，提高各方面素质。）
④消费对生产的反作用具有两层含义：科学合理的消费对生产具有促进作用，不合理的消费对生产起着阻碍作用</td></tr>
</table>

4）实施教学任务三

<table>
<tr><th>活动内容</th><th>引出话题</th><th>使用手段</th><th>预期效果</th></tr>
<tr><td rowspan="3">教师提问：
从整个社会来看，是否生产出的产品一次性提供给人们消费，这个过程就简单地停止了呢？</td><td>“社会再生产”的概念及其四个环节的相互关系</td><td>幻灯片
（展示问题、图示）</td><td rowspan="4">通过图示，可以将社会再生产四个环节的相互关系直观地呈现在学生面前，让学生记忆深刻。</td></tr>
<tr><td colspan="2">学生小结：（略）</td></tr>
<tr><td colspan="2" rowspan="2">教师总结：在生产、分配、交换、消费四个环节中，生产是决定性环节，消费是最终目的和动力，分配和交换是桥梁和纽带。（这组关系用图示表示）</td></tr>
<tr><td>学生思考</td></tr>
</table>

5）实施教学任务四

<table>
<tr><th>活动内容</th><th>引出话题</th><th>使用手段</th><th>预期效果</th></tr>
<tr><td rowspan="3">（根据“生产决定消费”观点）教师提问：要想提高消费水平该怎么办</td><td>大力发展生产力（第二目内容）</td><td>幻灯片（展示图片、播放视频）</td><td rowspan="4">a.通过学生的有效阅读，学会挖掘分析问题的角度，归纳知识点，让学生真正做到自主学习，并能用政治语言分析问题，调动学生的发散思维，把握知识间的联系，掌握“我国大力发展生产力的必要性及要求”，突出这一重点
b.小组抢答、视频播放可以活跃课堂气氛，增强视听效果，提高学生的课堂参与度，使学生感受“快乐式学习”</td></tr>
<tr><td colspan="2">教师提示：发展生产力的必要性及要求</td></tr>
<tr><td colspan="2">学生阅读抢答：（略）</td></tr>
<tr><td>a.学生讨论并解读思考探究活动5:（见教材p30）
b.实施小组抢答</td><td colspan="2">教师归纳：
①为什么要大力发展生产力
a.社会主义初级阶段的国情决定
b.社会主义的主要矛盾决定
c.社会主义的本质要求
d.大力发展生产力的意义
②如何发展（要求）
a.坚持党的基本路线，以经济建设为中心，各项工作都应服从服务于该中心
b.通过改革，调整与经济发展不相适应的生产关系和上层建筑，这样才能实现社会主义的自我完善和发展
c.实施科教兴国战略。依靠科技，培养人才，尊重知识</td></tr>
</table>

6）课堂小结（用图示方式展现）

发展生产　满足消费：

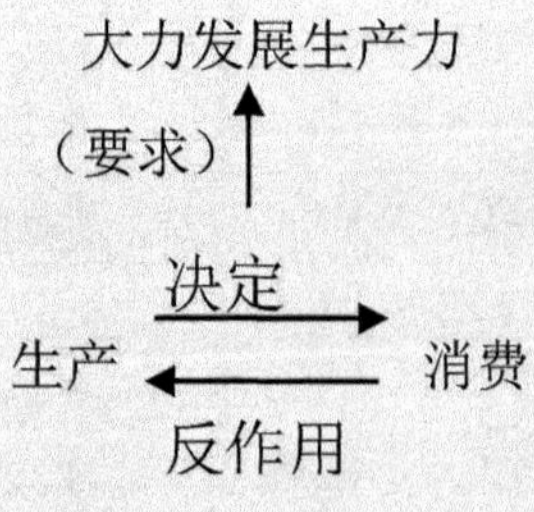

设计意图：直观明了，高度概括。

7）课后作业：

探究活动4（参见教材p30）

（要求：让学生搜集材料，进行必要调查，以小论文形式呈现）

第六部分 板书设计

发展生产 满足消费

1）生产与消费

（1）生产决定消费

（2）消费对生产具有反作用

2）大力发展生产力

（1）原因/必要性

（2）如何发展/要求

（板书设计追求结构清晰，内容明确）

课例07

“在实践中追求和发展真理”的教学设计

一、从“真理”到底是否存在的讨论开始

（一）教学理念

探索利用议题式引导开展活动型思想政治学科课程教学，完成“四维三度”结构的学生学科素养培育。

（二）教材分析

本框是《生活与哲学》“求索真理的历程”一课的最后一框，是评价认知正确性特征的最后归纳，目的是唤醒学生对真理的追求与发展的科学精

神，辩证思维深度较大。

（三）学情分析

授课班级是高二文科实验班，学生具有一定的辩证思维能力与探索精神，但毕竟初步涉及哲学思维，故仍需要对专业性很强的哲学范畴体系进行必要的生活化分析。

（四）教学目标

核心素养视域中，学科教学目标体系追求活动与过程，淡化内容与结果。如此，活动型学科教学的落脚点是完成“描述与分类”“解释与论证”“预测与选择”“辨析与评价”四项学科任务，“在实践中追求和发展真理”这一框主要的学科任务集中在解释与论证与辨析与评价两个方面。本学科教学的归宿是“政治认同”“科学精神”“法治意识”“公共参与”这四项学科核心素养，针对本节课，学科素养追求集中在“科学精神”这一部分，但这不是教学的关键。

1）**学科任务**：解释与论证“真理”及其特征，辨析“绝对真理”与“相对真理”的对立，评价“真理”在新时代发挥的力量。

2）**素养要求**：通过对真理的全方位描述与认识，理解马克思主义的真理观，在实际生活中追求和发展真理。

（五）教学模式

活动型学科课程“四维三度”体系教学法，本课定位思维层面。

（六）教学重难点

1）**教学重点**：追求真理的过程。

2）**教学难点**：“绝对真理”与“相对真理”的对立。

（七）设计思路

情境(议题)构成	任务	活动
(序章)唤醒 “真理像阳光,若有阳光,便妖降魔除,万物生长;谬误和谎言包藏着黑暗,只会让我们彼此祸害,陷入虚伪和愚蠢的深渊;智慧只能在真理中发现”		学生朗诵,唤醒认同
引入新课“在实践中追求和发展真理”,简述本课基本结构 ①活之体——“寻”真理之“光”		教师建构框架
请同学列举身边的真理 简述这些真理属于“生活中的真理、哲学上的真理、政治上的真理、科研中的真理”等中的何类	描述与分类	学生分别举例
提问:如何确定你说是“真理”就是真理 ②思维之眼——“探”真理之“魂” 简述马克思主义哲学的真理观范畴	解释与论证	学生讨论“什么才是真相”,辨析评价,理解认识之路的艰辛
录像展示“什么才是真相”片段,让学生分析理解“男孩想表达什么观点?”引导出影响我们分清事实真相的主体因素和客体因素,得出结论“追求真理是一个永无止境的过程” 通过提问“到底有没有真理”引入第三部分	辨析与评价	学生理性思考,提高辩证思维的深度
③盗火之路——“执”真理之“薪” “南辕北辙行不行”“盲人摸象蠢不蠢”引导分析理解真理的绝对性与相对性 无数相对真理的总和就是绝对真理。在相对真理中包含着绝对真理的成分。坚信“认识具有上升性(真理是不断向前发展的)”	辨析与评价	
在追求真理的路上我们是一步一个脚印还是试图一步登天呢 引入第四部分“脚踏实地——立足时代” ④时代之唤——“行”真理之“力”	预测与选择	
利用习近平总书记讲话录像,升华主题,要求青年学生做到知行合一,做到实践与发展真理相结合。结束课堂活动 ⑤反思 自主完成列表内容,课后作业,填写参与议题活动评价。 ⑥板书设计(略)		政治认同,社会参与

（八）教学反思

“17课标”明确要求我们的教学“要运用多种方式、方法，引导学生自主学习、合作学习和探究学习”。为此，我们的教学要围绕议题，强化辨析，将各种相关知识、能力和品格通过积极价值引领的活动深度整合，最终形成学科核心素养。学生的活动体验是其素养发展的重要途径，这就是教学与评价统一起来的“活动型学科课程”给我们展现的新蓝图。

本节课是一节以议题引领的活动型学科课程的实践尝试。在课堂教学设计中，信息技术很好地起到了辅助教学的作用，让高中思想政治的相关知识更加直观的呈现给学生，激发学生的学习兴趣，前置学习利用互联网的交互开放功能培养了学生的自主意识和科学精神。

在课堂教学过程中，通过议题的引入、引导和讨论，推动了教师转变教学方式，使教学在师生互动、开放民主的氛围中进行，学生在问题讨论中展示观点，在比较辨别中确认观点，在探究活动中提炼观点。通过问题情境的创设和社会实践活动的参与，促进了学生转变学习方式，在自主学习、合作学习和探究学习的过程中增强了自主意识，培养了创新精神，提高了实践能力。

在当前高中思想政治新课程理念的指引下，我们要积极推进高中思想政治活动型课堂教学改革，创新课堂教学模式，培养学生的核心素养。通过高中思想政治活动型课堂教学展示课的创新实践，使我们认识到，作为践行新课程标准改革的一线教师，只有认真学习新课程理念、仔细观察新时代的变迁，不忘初心，砥砺前进，才能迎来高中思想政治活动型课堂教学的美丽春天！

表3-5 学科任务完成能力评价

维度	等级					总评：
	A	B	C	D	E	
敢于表达自己的观点						给自己一个简评：
准确地表达自己的观点，并能为主要观点提供例证						
善于倾听、尊重他人的观点						
运用历史的、辩证的观点和方法，分析真理的本质						
通过反思，作出科学的有创见性的回答，并进行了正确的价值选择						

第四章

"四维三度"架构下能力与素养的测评表达

目前思想政治学科已构建了以学科任务为导向的测评体系，整合了学科任务、学科内容和典型情境，形成了以任务情境活动为核心的测评新思路。新的测评体系注重真实性、表现性、情境性评价，并把真实性评价由"情境真实、任务真实"推向"情境真实、任务真实、行为真实"的新阶段。在此基础上，思想政治学科的命题必须实现根本性变革，即由单纯注重学科知识理解与运用的考查转向学科信息、学科知识、学科表达、学科思维并重的考查，现实操作时就会表现为"信息、知识、思维、思想"四个维度的命题结构体系的辩证统一。这是落实学科核心素养以及高考评价体系的必然要求。

学科素养是不可直接观测和度量的，评价者只能借助可观测的行为表现特征等信号来推断学生学科核心素养的发展水平。思想政治学科在核心素养导向下学业质量评价中提出的创新性解决策略是：以学科任务为引领，构建学科任务、评价情境、学科（知识）内容于一体，指向关键行为表现的评价框架。评价者通过观察学生在思想政治典型情境下，完成学科任务时不同的行为表现水平，推测学科核心素养发展水平或学业质量。核心素养导向下学业质量评价关注的对象是人的行为，是对人在真实情境下做事能力的考查。这本质上是对"人"的评价，而不是对学科的测评，更不是对知识的测评。

这与过去以知识点为纲，以知识点掌握水平为标准的划分依据的学业质量观有着本质的不同，体现了从关注知识点到关注人的变化。

对以“信息、知识、思维、思想”为主体的学科内容要素测评体系的理解，普通高中思想政治新课标对思想政治学业质量水平的划分是从以下四个维度进行的：现实情境的复杂新颖程度；对学科知识（结构化知识）的整体理解程度；学科观念与思维方式的发展程度；包含世界观、人生观、价值观在内的价值观念的发展程度。

既然学科素养测评本质上是对人的测评，对照以上四个维度，从对人的描述这个角度来讲，我们可以这样理解，思想政治学科素养发展水平高的学生应该具有以下特性：对学科知识有着整体理解，即学科知识的整合程度和能力较强，学科思想观念或思维方式的发展程度较高，能够应对复杂新颖的真实情境的挑战。即考察学生是否具备“读得懂、用得上、说得清、悟得透”学科情境的能力与素养。

依据核心素养的测评框架，就是把对做事能力的考查转换为对评价对象是否具有上述特性及程度的考查。据此我们可以推断，学科素养测评框架中需要测评的学科内容要素主要包括以下三点。

一是学科知识的整合性。这里讲的知识，不是孤立的、零散的、碎片化的知识点，也不是有些教师用思维导图呈现的知识树，更不是大括号带小括号式的知识框架，而是知识与知识间来龙去脉的关联、逻辑关系的图谱。它是一种结构化的知识，也是知识的结构化，是按一定逻辑关系建构的知识网。

二是学科特有的思想方法或思维方式。具体指学生在学习了所有的内容模块之后应该具备的具有学科特质的观察世界的视角与方法，是学生经过课程学习之后习得的不经过专业训练而难以掌握的观察世界、认识世界、解决问题的思想方法和分析工具。如是否能用马克思主义的基本立场、观点和方法观察事物、分析问题、解决矛盾，是否具有批判性思维，是否具有良好的逻辑推演能力等等。

三是学科语言的表达。即能否用专业术语表达对学科知识的理解，是衡量一个学生是否具有较高学科素养的重要标识。这里所说的学科内容要素是指任何一门学科的学习内容及学习行为中都包含的共性要求，既包含学科知识，也包括学科思维方法与学科语言表达，相对来说是个抽象的概念，与各门具体学科相结合组成具体的表现形式。

综上所述，从学科内容要素的角度看，核心素养导向的思想政治课学业质量评价就是在典型情境下，通过学科任务的引导，对学科知识、学科表达、学科思维以及学科思想进行的综合考查。

一、高考政治选择题的“四维三度”结构及其解答

依据高考思想政治“考试说明”描述的能力目标要求，参考布鲁姆教育目标分类学（修订版）提供的二维分类表，当前思想政治选择题的结构有着“信息、知识、思维、思想”四维一体的组合特征。结合情境化试题命制的一般规范，日常教学中，可采用“四审一定”的系统方法对学生进行程序性思维训练，规范学生解题思路，内化学科核心素养。引导学生做到“读得懂信息、用得上知识、说得清思维、悟得透思想”，提高学生问题解决能力。

（一）“四维”结构的理论阐释

思想政治高考命题，从开始依托布鲁姆的目标分类理论，发展到现在“考试说明”上展示的“四维三度”能力目标与考核体系，经历了40多年命题工作的检验。“四维三度”体系统摄了“获取和解读信息、调动和运用知识、描述和阐释事物、论证和探究问题”四个维度，规范了政治试题命制的一般性结构。它从“信息、知识、思维、思想”四个方面为我们指明了学科能力和素养的考察视角。

表4-1 布鲁姆教育目标分类

知识维度	认知过程维度					
	记忆回忆	理解	应用	分析	评价	创造
事实性知识				A		
概念性知识						
程序性知识						
元认知知识						

1）**布鲁姆教育目标分类法——知识和思维的结合**。《布鲁姆教育目标分类学（修订版）——分类学视野下的学与教及其测评》编制有一套教育目标二维分类表（如表4-1）。该表列举了包括“事实、概念、程序和元认知”这四种从具体到抽象的知识。“记忆、理解、应用、分析、评价和创造”是六个从低级到高级的认知过程。它们的对立统一标示了知识维度和认知过程维构成的二维教学矩阵。从而为教学在知识维度和认知过程维度进行组合提供了理论基础。

2）**选择题命制的“二维干扰”法**。高考思想政治考纲列举的“四项三级”能力目标体系，规范了政治试题命制的一般性原则。《布卢姆教育目标分类学（修订版）——分类学视野下的学与教及其测评》也编制有一套教育目标二维分类表。仔细研读，细加对比，并对照近年的政治高考试题。当前阶段，政治科选择题命制的核心要素是结构出干扰学生解答问题的“二维”困境，即“二维干扰”法。

“二维干扰”亦称“两阶干扰”，即命题者在知识维度或认知过程维度制造解决情境问题的困境，以检测答题者的相关能力水平。命题者采取语言变式设置信息解读陷阱，以检测答题者对思维含量大的考点（事实性知识、概念性知识、程序性知识、元认知知识）的记忆或者理解，俗称“知识陷阱”。利用一定的思维或逻辑误区，在认知过程维度对被测者的理解应用（分析、评价和创造）能力进行检测，俗称“逻辑陷阱”。这两个“陷阱”又构成“二维干扰”法的一般性技术手段。

3）**“四维”结构体系——“一核四层四翼”的平台展示**。思想政治高考要求设计出能将思想政治学科的任务、内容和形式有机统一起来的试题。为此“考试说明”提供了一套“四维三度”能力目标结构体系。它将高考试题的命制从依托知识和思维两个维度扩展到“信息、知识、思维、思想”四个维度，进一步深化了对学生的能力和素养的要求与考察，完成“一核四层四翼”的命题指标。

“获取和解读信息”是考生分析解答问题的起点，情境的理解、审题的精准、答题的质量和速度都受它影响。“调动和运用知识”追求对知识内容的理解与应用。“描述和阐释事物”“论证和探究问题”这两个维度，对学生理论理解能力、解决问题的创新性以及分析复杂问题的逻辑清晰度提出了要求。这四个维度的学科能力不是彼此孤立的，层级高的学科能力展现离不开层级低的能力。

“四维三度”体系与布鲁姆有着一脉相承的本质特征，但又不完全相同。“四维三度”结构体系中的“信息、知识”可以包括在布鲁姆的知识维度中，“思维、思想”可以被理解为“思维”维度的延伸。“四维三度”更多的追求信息的情境性、知识的生成性以及在思维基础上内化出的价值观等思想层面素养的考察。

（二）高考选择题展示的“四维”结构特征

当前，高考思想政治选择题的命制要素，一般包括立意、选材、设问和答案组合等几项。在结构上表现出来的就是“信息、知识、思维、思想”这四个部分的对立统一。下面我们就以2018年高考全国文综Ⅲ卷（以下简称“18年Ⅲ卷”）中的部分思想政治学科选择题简要阐释一下在命题它们是如何组合起来的。

1）**信息+知识，二维结构的选择题**。此类选择题，学生通过解读题干提供的情境信息，选择出与其相关的正确知识即可。它考察的是学生对特定知识的理解能力。正确解答此类题目的关键是学生要对相关知识有充分理解能力。

比如“18年Ⅲ卷”第12题，试题提供的情境信息是“随着智能手机的功能越来越强大，MP3(音乐播放器)、电子词典、掌上游戏机等电子产品正慢慢淡出人们的视野。”学生要在读懂了这一情境信息的基础上，调用“替代品”“使用价值”的学科知识。如果学生的知识理解能力没有缺陷，就会知道“功能不同的商品会相互替代”这种说法是错误的，功能相同（相近）的商品才能成为互为替代品。使用价值是商品本身的自然属性，它不受其他因素的影响。此题只要求学生做到读得懂题干信息，用得上相关知识即可，并不需要调用多少思维能力。

2）**信息+知识+思维，三维结构的选择题**。此类选择题，学生除了要能清晰的解读情境信息，还要有选择特定的知识对题干信息进行分析、阐释和推理的能力。它考察的是学生的知识应用、分析能力。此类题目对学生的思维能力有一定的要求。

比如“18年Ⅲ卷”第13题。题干提供了我国2013年—2017年全国日均新登记企业数的图表，要求学生依此进行分析判断。从信息解读的角度说，此题提供的是比文字高一层次的图表信息。学生要正确解读出题干的核心信息是企业登记数量增加，不能随意推理出“企业投资”总额增加，也无法从题干信息中推导出投资回报率的信息，否则就会错选。这些都对学生阅读信息的严谨性，思维的推理能力的逻辑性提出了更高要求。此题是“信息、知识、思维”三个维度结合的典型。试题从审读信息的角度加大了干扰的信息量，选择项涉及的知识范围也很多。这就要求学生不仅要读懂信息、调用知识还需分析知识和信息之间的推理是否恰当。

还有一种更高层级的三维结构类型的选择题。比如“18年Ⅲ卷”第15题，本质上它也是一个三维结构选择题。它提供了“货物贸易差额”“服务贸易差额”“总体贸易差额”三组数据曲线。要求学生根据自己对这三组曲线的理解，选出有助于平衡该国总体贸易收支的措施。此题在信息的复杂化层面提高了阅读难度，调用的知识具有开放性。就是在“描述和阐释事物”“论证和探究问题”这两个维度，对学生分析复杂问题的逻辑清晰度以及解决问题能力都提出了一定的要求。按照“四维三度”能力目标体系，它已经是最高层级的四维要求了。但由于此题依然只是调用了分析、评价乃至创造性的“思维”能力，并没有明确的思想追求。虽然它考察了比第13题能力要求级别更高的素质，但它也只能属于信息+知识+思维的三维组合。

3）**信息+知识+思维+思想，四维结构的选择题**。在核心价值层面对学生的素质进行考察，涉及到学生需具备灵活的运用程序性知识、元认知知识去分析解决问题的能力。这是在“必备知识、关键能力”之后，对“学科素养、核心价值”的更高追求。完成这一层面的考察就需设计出“信息、知识、思维、思想”四个维度相结合的试题。

比如“18年Ⅲ卷”第23题。引用了习近平在纪念马克思诞辰200周年大会上发表重要讲话，要求学生指出马克思主义对人类文明发展的深远影响的源泉。此题不仅要求学生明晰的阅读信息，调用“马克思主义体系”知识，有将两者对应起来的思维能力，还要涉及价值观、世界观上的政治认同。这就要求学生有一定的思想力，能对马克思主义“说得清”的基础上能够做到“悟得透”。

（三）选择题解答的“四审一定”法及其步骤

根据上文归纳的“二维干扰”法，再参考“四维三度”体系架构，以及情境化试题命制的一般规范（政治选择题都要包括立意、选材、设问和答案组合等几项），选择题的解答过程可按照“四审一定”法逐步展开。

1）**何谓“四审一定”**。“四审”包括对题干提供的情境信息逐步解读（审信息），结合题干设问对命题主旨意图总体界定（审立意），对题目中涉及的知识调用进行必要的相关性判断（审知识），将试题立意与选择项结论进行逻辑对应分析（审逻辑），组合型选择题，最后再对备选的组合进行结构性验证（一定）。“四审一定”的核心是对试题中涉及的知识信息与逻辑指向进行清晰的认识与判断。

2）**“四审一定”法的解题步骤**。一是审信息。学科能力的展现离不开一定的信息情境。政治试题以情境信息(文字、图表、数据等)为纬，知识（学科、时政、知识库）为经构成一个基础的能力目标考查结构。比如2017年高考全国文综Ⅱ卷（以下简称“17年Ⅱ卷”）第14题，即是一个如图4-1所示的二维结构组合。

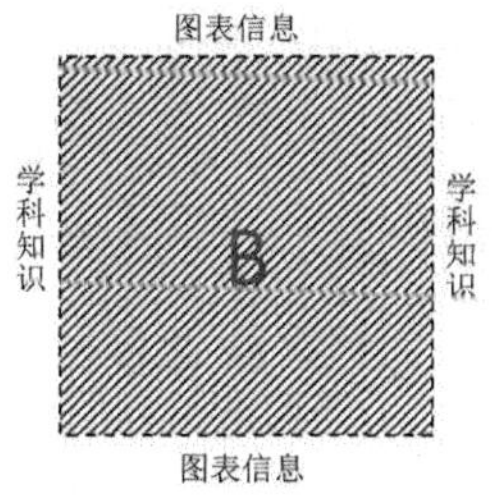

图4-1 二维能力框体B

原题如下：

14. 图a和图b分别反映1995年和2014年亚太区主要国家的贸易依存网络。箭头“甲→乙”表示乙国为甲国最大的贸易伙伴。图a到图b的变化说明

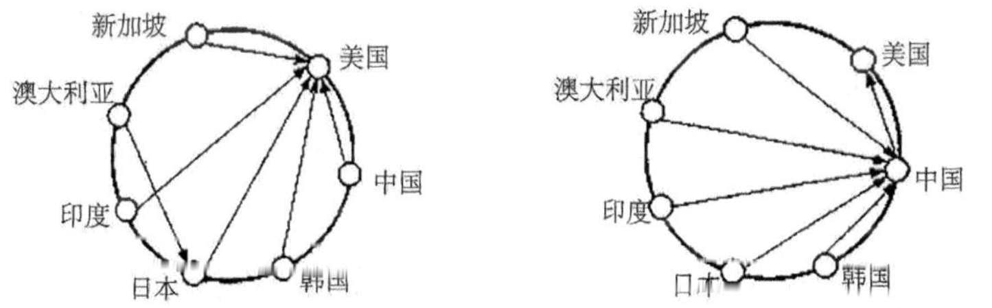

a 1995年亚太区贸易依存网络　　b 2014年亚太区贸易依存网络

①中国逐步成为亚太地区的贸易中心 ②亚洲区域内贸易在全球贸易中的作用日益突出 ③日本与亚太国家之间的相互依赖相互联系增强 ④国际贸易从多边贸易为主向双边贸易为主转变。

A.①②　　B.①④　　C.②③　　D.③④

某种意义上说“审信息”就是要能读懂题目，它统摄着“四审一定”法，是其他几个环节能够展开的前提与基础，贯穿整个解题过程的始终。对该题信息的理解，包括题干的文字与图表，以及选择项中的文字指向。在快速阅读的基础上，初步确定本题调用的知识是关于贸易问题的知识库信息。并明确图a中的中心是美国，图b中的中心是中国。

二是审立意。“审信息”与“审立意”是一个过程的两个方面。搞清试

题的立意指向可以帮我们更好的解读相关信息。一般情况下，试题的设问能集中体现其立意精神，所以经常被称为“审设问”。比如完成14题情境规定的设问任务，学生需要能够“从图表与文字信息中获取回答问题的信息，有针对性的调动一定的知识做出正确的分析判断和推理”。这是以能力立意精神来规范本题的立意。还可以用“科学精神”引发“政治认同”这一学科核心素养立意进行解读。按照布卢姆教育目标分类表，该题的考核目标结构还可以被界定在表4-1所示的B位置，整个试题考查学生对事实性知识的分析能力。其立意是“要求考生能够将材料分解为它的组成部分，并确定部分之间的相互关系，以及各部分与总体结构或总目的之间的关系。”当前的命题处于从能力范式向素养范式转换的过程中，如果透彻地对该题的立意进行理解，不仅对解题而且对提高备考复习的针对性也是有重要意义的。

三是审知识。选择题选择项的编制涉及对知识记忆、理解及一定认知过程的调用。“二维干扰”法的第一层干扰就是以不正确或者片面的知识来误导信息解读。比如14题涉及“亚太地区”“多边贸易”与“双边贸易”这些概念性知识。近年世界贸易多边化趋势加强，是教材阅读与时政阅读中获得的事实性知识。“国际贸易从多边贸易为主向双边贸易为主转变”这一说法即可通过事实性知识排错法进行排除。学生只有从学科学习、时政阅读、知识库整理中累积尽可能多的事实性知识、概念性知识、程序性知识和元认知知识，不断提高自己的知识储备，最终才能在测试时自由的应对。这是对知识性学习的强调。

四是审逻辑。判断选择题选择项是否符合试题的情境、设问（任务）与立意的指向，需要进行逻辑确切性分析。如14题中“③日本与亚太国家之间的相互依赖相互联系增强”这一选择题，如果仅仅依靠事实性知识维度对其进行正误判断，就可能错选。此时引入逻辑判断：图a中日本与澳大利亚和美国都有紧密的联系，图b中日本的贸易联系集中体现在日中国之间。依此信息，从联系的多维性角度就无法得出③的结论。虽然无法得出此结论不代表这种说法就一定错误，但解题时能够明确此说法不符合题意即可。此过程考查学生思维分析与组织信息的能力，即确定要素在一个结构中合适位置或作用的能力。本质上就是检测学生的逻辑思维能力。

日常命题中，设置选择题的逻辑陷阱大致可以分九种类型：关系颠倒法、移花接木法、答非所问法、鱼目混珠法、主体混淆法、正误混合似是而非法、错误推理法、节外生枝法、以偏概全法等。其中“关系颠倒法”又是对学生思维的缜密程度进行考查的惯用手法。其颠倒的逻辑关系包括“或然与必然，应然与实然，充分与必要，主观目的与客观效果，因果颠倒，种属颠倒”等。这些形式表象都最终指向认知过程这一维度，即通过干扰信息和知识及知识应用的结合，从认知过程的维度检测学生相关能力。

五是一定法。利用组合结构对组合型选择题进行最后的逻辑验证称“一定”法。14题选项“②亚洲区域内贸易在全球贸易中的作用日益突出”，是一个事实性知识。从“审逻辑”角度，可以用排除③的办法，排除其被选的可能。该题提供的图表及相关信息并未展现“全球贸易”的全景，因此无法明确得出②的结论。这样此题确定能备选的只有①，确定不能备选的是④。怎么办？就剩下通过组合结构进行相关性逻辑验证这最后一招了。思维如下：通过④必不选，排除BD项。剩下AC项都包含②，故对②的逻辑问题不必过于纠结。既然必选①，那么A是答案的概率最大。这就是经常所说的排除法与定选法的结合。

至此，“四审一定”法基本介绍完毕。日常应用的时候还要根据试题的复杂程度，灵活调用其中1–5个过程。如果还有解答不了的选择题，那么一定是知识储备或者对认知过程维度的思维逻辑训练不够。

二、高考材料分析题的“四维三度”结构

依据思想政治高考“考试说明”描述的考核目标，参考布卢姆教育目标分类学（修订版）提供的二维分类表，结合情境化试题命制的一般规范，政治材料分析题可被划分为基本技能型、高级技能型两种。依托“四维三度”结构模型和“事实逻辑”与“知识（理论）逻辑”两类逻辑思维训练可以有

效的提高学科核心素养的培养。

基于学科核心素养的学业质量评价是落实核心素养的难点和关键点。笔者依照思想政治高考"考试说明"列举了"四维三度"能力目标体系①（见表4-2），《布卢姆教育目标分类学（修订版）》用二维分类表也从知识与认知过程这两个维度，为我们提供了命题与解题的另一个视角。这两个体系相互对照可以将材料分析题划分为基本技能型和高级技能型两类，据此可建构出政治材料分析题的审读框架结构与解答逻辑类型。

表4-2 "四维三度"能力目标体系

	获取和解读信息	调动和运用知识	描述和阐释事物	论证和探究问题
1	从试题的文字表述中获取回答问题的有关信息	有针对性地调动有关学科知识，做出正确的判断	准确描述试题所涉及的学科基本概念、观念和原理	针对具体问题进行体现科学精神和创新意识的创见性作答
2	从试题图表等形式中获取回答问题的有关信息	调动和运用自主学习过程中获得的重大时事和相关信息	运用历史的、辩证的观点和方法，分析有关社会现象，认识事物的本质	整合学科知识和方法，论证或探究问题，得出合理的结论
3	准确、完整地理解并整合所获取的有关信息	综合检索和选用自己的"知识库"中的有关知识和技能	全面阐释或评价有关理论问题和现实问题	用顺畅的语言、清晰的层次、正确的逻辑关系，表达出论证、探究的过程和结果

（一）基本技能型材料分析题的结构与解答

1）**基本技能型材料分析题的界定**。何谓基本技能，依照布卢姆分类学标准，指记忆、理解和应用三种认知过程与相应的知识结合所显现的能力表现（表4-3阴影部分）。在"四维三度"能力指标中，可对应表4-3阴影部分标注的"获取和解读信息""调动和运用知识""描述和阐释事物"三个维度。其表现出来的基本方式是"对知识做什么"："记忆事实性知识""理解概念性知识""运用程序性知识"。

①参见张立华.用"四维三度"法界定试题考核目标——以2017年全国I卷为例[J].思想政治课教学,2017(9):74.

表4-3 布卢姆教育目标分类

知识维度	认知过程维度					
	记忆回忆	理解	应用	分析	评价	创造
事实性知识						
概念性知识						
程序性知识			A1			
元认知知识						

2）**基本技能型材料分析题的解答**。作为基础性能力的展现，基本技能型材料分析题答案的组织，须从信息与知识两个维度先行构建，然后再延伸出具体的描述与阐释。这是一个分两层结构组合出解答的过程。

第一层结构，通过拆分材料与信息调用，对应知识分别形成某一观点（如图4-2所示）。

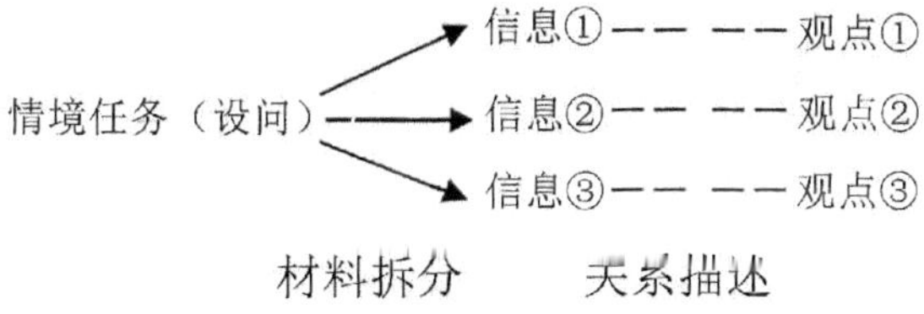

图4-2 材料拆分和信息调用

第二层结构，整合分拆的知识，归纳出一般性的结论（图略）。

“情境化试题由试题立意、背景材料和情境任务三个要素构成”。基本技能型材料分析题答案的组织须建立在读懂背景材料，搞清试题立意与合理调用知识的基础上。一般来说，“获取和解读信息”是分析问题，组织解答的起点。情境的精准理解、答题的质量速度都受它影响。“调动和运用知识”下的“学科知识”“时事政治”和“知识库”三级能力要求与布卢姆二维分类体系中将知识分为“事实、概念、程序和元认知”四种不尽相同，但各有特色、互为补充。“17年Ⅰ卷”第38题第1问，就是一个典型的基本技能型材料分析题的考查情境。原题如下：

38.阅读材料，完成下列要求。(14分)

我国是一个消费品制造大国，也是消费大国。

目前，我国生产的消费品中，家电、塑料、五金、食品、陶瓷等行业100多种产品产量居世界第一。其中，家电、制鞋、棉纺、服装等产能占全球的50%以上。

据统计，2005～2014年我国境外消费年均增长25.2%，是同期国内社会消费总额增速的2倍。2016年我国出境人次达1.35亿，境外消费达2600多亿美元，其中一半以上用于购买服装、化妆品、箱包、奶粉、手表等商品。2016年中国奢侈品消费超过1100亿美元，其中76%的消费发生在境外。

上述材料反映出我国消费品供给存在什么突出问题？我国生产企业应如何应对？

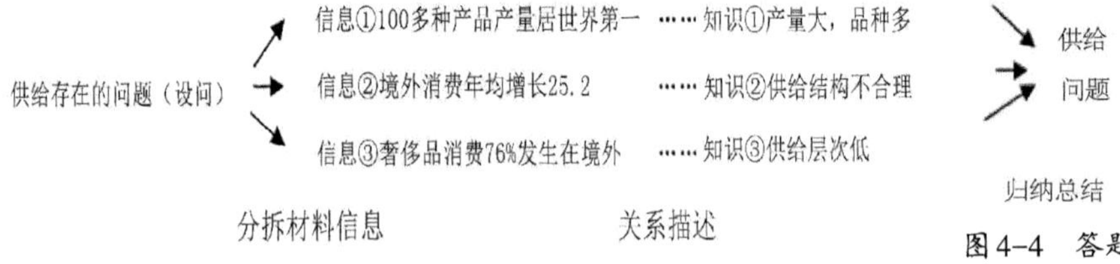

图4-3　答题第一层结构

图4-4　答题第二层结构

回答“上述材料反映出我国消费品供给存在什么突出问题？”如图4-3所示，先构建答题第一层结构：分拆材料信息，对应不同观点。再构建出第二层结构（图4-4)：归纳出“不能满足消费者需求，导致消费大量外流，出现产品过剩的问题”的系统性观点。

解答“我国生产企业应如何应对？”。按照“四维三度”体系，此问的能力立意指向的是“论证和探究问题”这个高维度能力。但教材中关于企业针对市场问题的做法有明确的知识归纳，这样其就被归类于表4-3中的程序性知识范畴。按照布卢姆分类表，此设问检测的目标被界定在表4-3所示的A1结构坐标中，是一个对程序性知识的应用考查。

（二）高级技能型材料分析题的结构与解答

1）**高级技能型材料分析题的界定**。依照布卢姆分类学标准，教学检测意义上的高级技能，是指“分析、评价、创造”三种认知过程结合相应的知识所显现的能力表现，主要形式是用知识做什么。如“运用‘辩证法的革命批判精神与创新意识’的知识并结合材料，分析科技领航者实现科技创新的主体原因。”“17年Ⅱ卷”40题第1问就考查了一个高级技能方面的目标。原题如下：

40.阅读材料，完成下列要求。（26分）

有这样一群人，他们胸怀科技报国的梦想，奋战在科技创新的最前沿，取得了世界一流成果，被称为创新中国的科技领航者。潘建伟率领科研团队在十多年的时间内使我国在量子通信领域从跟随者变成世界的领跑者；王晓东对乙肝病毒的新发现，为未来相关药物研发打开新大门；赖远明带领科研团队成功破解青藏铁路修建中冻土如何“保冷”这一被称为“无法攻克的世界性难题”；鲁先平历经14年创新创业成功研制中国首个用于治疗淋巴癌的原创化学药“西达本胺”，在这一领域实现与国际先进水平并跑和部分领跑……他们的创新实践是以改革创新为核心的时代精神的生动诠释。鲁先平将原创新药的研发形容为“走钢丝”。潘建伟说：“科学研究一定不能惧怕失败”。王晓东将“不只是填补国内空白，而是获取人类知识的创新”作为自己的事业追求。做事挑剔，追求完美的赖远明用“要想成功，就必须坚持”概括他的创新经验。

① 运用“辩证法的革命批判精神与创新意识”的知识并结合材料，分析科技领航者实现科技创新的主体原因。

②运用文化作用的知识并结合材料，说明弘扬创新精神对于推动创新发展的作用。

③班级举行主题班会，探究批判性思维与创新精神的关系，请围绕主题提出两个观点。

2）**高级技能型材料分析题的解答**。针对高级技能型材料分析题的分析与解答需完整的使用“四维三度”结构分析法和“两类逻辑”思维整合法。

（1）“四维三度”结构分析法。根据“四维三度”试题结构分析模型，材料分析题结构模型可区分为两个类型：“描述和阐释事物”能力考核型和“论证和探究问题”能力考核型。

“描述和阐释事物”能力的考核。此类型结构依托信息的解读，知识调用为支撑。这是基本技能型材料分析题的基础结构，属于“三维三度”结构类型。

如“17年I卷”第38题第1问的第一部分就是一个典型的“三维三度”基本技能型材料分析题结构。如果将“17年Ⅱ卷”40题第1问改成“上述材料体现‘辩证法的革命批判精神与创新意识’的哪些道理?”它就可以被标识成如图4-5所示的“文字信息”+“调用学科知识”+“描述学科知识原理”三个维度结构成的基本技能型考查模型组合，即A+G结构。

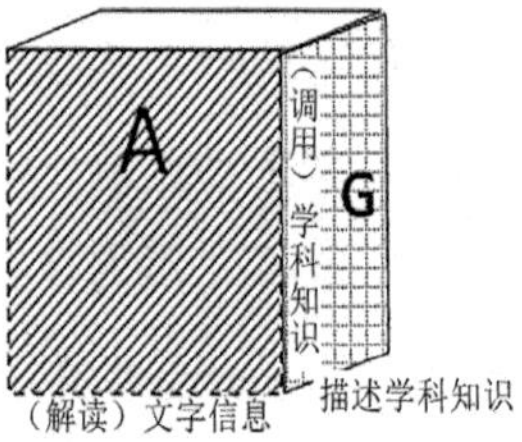

图4-5　多纬度A+G结构

“论证和探究问题”能力的考核。此类型依托信息的解读，知识调用和必要的描述与阐释为支撑。II卷40题的设问如被结构成“整合文字信息，调用知识库中的知识，阐释现实现象，达到高质量的论证和探究问题”，这就是一个四维能力结构考查模型了，即如图4-6所示N+F+M结构。

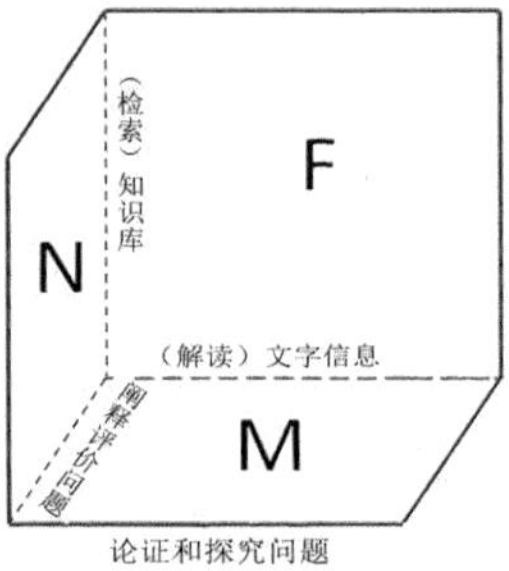

图4-6　高纬度能力考核情境模式

（2）“两类逻辑”思维整合法。根据对近年来高考材料分析题的整理与归纳，我们发现材料分析题的设问可被归类成“事实逻辑”与“知识（理论）逻辑”两大类型。

一是事实逻辑，是指试题提供大量信息，但并没有明确限定特定的学科知识调用。这要求考生能细致的分拆事实材料，逐步构建出对应的有学科性特征的观点结论。这是一个信息解构与观点结构、演绎与归纳相结合的二位一体的对立统一过程。本文引用的“17年Ⅰ卷”38题第1问第一部分，就是一个典型的事实逻辑类别的基本技能型考查题，解答此类题的思维步骤已经上文初步阐释（图4-3、图4-4所示）。此种题型对思维逻辑的考查能体现一定的开放精神。

二是知识（理论）逻辑，是指试题设问部分明确界定须调用的学科核心知识或大致范围，要求用该知识（理论）分析论证探究试题情境中提供的特定信息。此类试题的解答从调用、分拆知识着手，分析情境信息则只是中间步骤，阐释、论证探究解决问题的办法才是最终目标。

如“17年Ⅱ卷”第40题第1问即是一个“知识（理论）逻辑”类别的典型的高级技能型考查题。解题时，首先要调用“辩证法的革命批判精神与创新意识”相关知识，并能将其分拆成不同的层次，再对应情境材料中的对应信息进行论证探究，最终得出创新性的方法或结论。部分思维结构如图4-7所示（版面原因本图未能将最后归纳总结部分标注进来）。

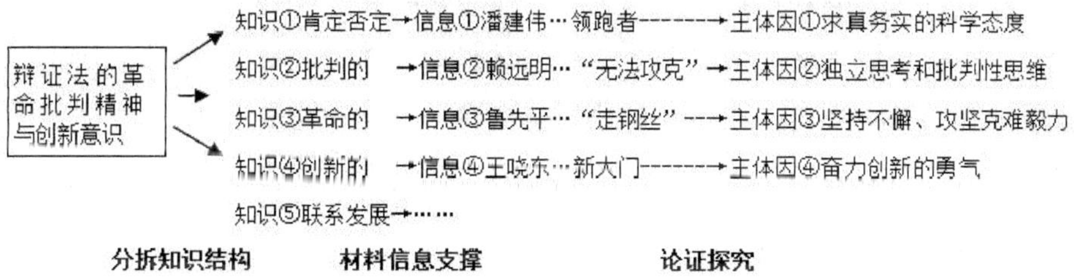

图4 7 思维结构图

三、“四维三度”结构分析与“两类逻辑”思维能力的训练

逻辑训练有崖，知识储备无边。根据布卢姆二维测评指标，知识维度的建构是基础性的学习手段，不可轻视。某种意义上，认知过程维度必须围绕知识展开，是一种形式和技术。“考试说明”提供的“四维三度”能力目标体系，为我们提供了相对完整的问题情境结构路径。思想政治课材料分析题的结构特征使得“获取和解读信息”“调动和运用知识”这些基础性能力的考查大都隐含在试题情境的审读中；“描述和阐释事物”“论证和探究问题”这些更高层级的能力检测则表现在试题的解答过程中。我们反对应试教育片

面强调知识概念的灌输，忽视学生思维和能力的培养；但仅仅强调思维和实践能力而蔑视知识的储备，那也是形而上学的。学生所要做的是掌握必要的技能又不忘记更为深远的使命。为此，我们可以依托典型材料分析题从以下两个方面进行有针对性的教学引导与能力训练。

（一）熟悉“四维三度”结构设计，构建包含系列知识理解与两类逻辑思维的问题情境

依托“考试说明”，创设梯级量化的体现社会主义核心价值观，体现立德树人教育目标的学科问题情境，结构出包含学科核心知识调用与包含不同认知过程维度的任务。在保证基本学科知识理解的基础上，逐步提高学生对试题材料包含的事实信息的分拆能力，对复杂知识的层级划分能力，提升学科能力训练的目的性、计划性，细化学科核心素养的培养层级。坚持分级训练，针对不同层级知识开展不同认知过程维度的专项训练。信息解读是一维能力训练，知识专题、时政专题、题型专题是二维能力训练，它们构成能力合成训练的初步环节。通过专题性的训练设计，有序地推进学生学科能力逐级提高，不断地提高学生综合学科能力的实现层次，培育学生的学科核心素养，完成更高层级的考核目标与要求。

（二）完善两个层次技能培养，提升学生程序性与创新性分析、解决问题的能力层级

熟悉两维设计，构建初具规模的包含系列知识与逻辑陷阱的问题情境。参考大纲，依托历年试题，利用教材及有选择的时政资讯，依托文字、图表以及整合的信息，创设梯级量化的体现社会主义核心价值观，体现立德树人教育目标的学科任务情境，结构包含各种知识层级调用与包含不同认知过程维度的问题。逐步提高对学生学科能力训练的目的性、计划性，实现有序教学、科学备考。完善思维逻辑，培养学生程序性分析、解决问题的能力与习惯。能力的实现途径，经过一定程度的强化训练，就会被固化为一定的程序性习惯。外在的思维能力转化成一种内在的思维本能后，会提高学生思维的

效率。在整合与创新中逐步提升学生运用所学知识独立的分析、解决实际问题的效率，完善问题解决的流程。

经过强化训练，程序性知识会被固化为一定的程序性习惯，习惯会提高学生思维的效率。再通过专题性的训练设计，有序地推进学生创新性的运用学科知识解决现实复杂问题的能力与水平。最后在整合与创新中逐步提升学生运用所学知识独立分析、解决实际问题的效率，完善问题解决的流程，从而不断地提高学生学科核心素养的实现层次，培育学生的综合素养，完成更高层级的考核目标与要求。

（三）在考纲指引的方向，积极科学备考

高考考纲和相关的例证试题对复习备考具有很强的引领作用。因此，对于一线教师和学生来说，要在把握考纲精神的基础上进一步采取科学有效的新对策，切实提高复习备考的针对性和实效性。既然考纲通过“四翼”与“四能”告诉我们怎么考、如何考，我们就要有针对性的解答怎么备、如何备。

通过“三清”，完善学生基础储备。注重基础性是高考成功的基本前提。“四翼”要求中的“基础性”提示我们，要做到对考纲规定的考点知识的逐层基础把握。为此，一要“点点清”，针对近年政治考点基本没变的优势，全面掌握考纲上的每个考点及其细化知识，逐级区分，精确把握。如区分价格的形成与价格的影响因素；区分政府、人大、政协与共产党的性质与职能等。二要“重点清”，大力突破高频考点，如公民的政治参与，国家的宏观调控等。三要“冷点清”，兼顾低频考点，如矛盾的同一和对立，政协的性质和职能等。总之要尽量做到，心中有知识，目中已无书。

学走“三步”，提升学生的学科素养。注重学科素养是高考成功的题中之意。“获取和解读信息”中对“准确、完整地”的强调，“调动和运用知识”中对“自主学习”“时政”与“知识库”的要求，都告诉我们仅仅靠死记硬背是解决不了素养问题的。要做到对考纲要求的学科素养和核心能力培养。第一步要会“踏步”，利用专项训练，脚踏实地的训练好学生对文字的

审读关。比如区分“社会主义经济”与“社会主义市场经济”等文字陷阱。第二步要会“舞步”，三步一回头，回头再三步。从简到繁，从单一情境到复杂情境逐步提高学生对图表的阅读能力。第三会“漫步”，在“三清”的基础上，用看似闲庭信步的一招带领学生构建不同层次的知识网络。一轮复习时就以单元或者课为单位，带领学生科学建构知识网络，搭建知识体系，形成学生自己特有的知识库。二轮复习后，利用重大时政为抓手，结合教材进行知识网络的再构建。如以“文化的建设与发展”“从严治党”进行网络构建。高考前，不时地打散学生已经形成的知识体系，以某一个关键词要求学生重新组合构建知识网格。以编织渔网的方法，编制学科体系。最后能使学生做到，“忘掉”知识体系，留下学科素养。

结合“三题”，提高学生综合能力。注重综合性是高考成功的关键措施。首先要“练好题”，由老师备课时认真选好题、新题、错题及组卷工作，避免粗制滥造、题海战术。用优秀试题有序开展专项突破和合成训练，避免顾此失彼、重复劳动。比如针对提高“描述和阐释事物”的能力，我们就可以选取2011年高考全国文综卷39题，让学生描述“妈祖文化为什么千年蔓延不绝、不断发展”来锻炼他们描述和阐述事物的能力。再次要“讲好题”，注重老师示范，加强师生互动。评讲试题中讲清知识，讲透思维方法，讲明答题规范。比如结合上题，对比不同的学生答卷，并对照当年的评分细则，阐述如何做到描述层面上的“准确”与“全面”。最后“命好题”，结合考纲精神参考学科前沿研究，统筹考试大纲。命制立意新、情境新、问题新、答案新的综合性、创新性试题。比如“16年Ⅲ卷”38题，选取源自社会生活实际的素材，以多种形式呈现，进行情景化试题的设计尝试。

围绕“三时”，强化学以致用，培养创新精神。注重应用性与创新性是高考成功的必然要求。第一，要盯住“过去时”。历史问题从某种意义上也是一种现实问题，对历史问题的思考也是对现实的思考。2016年高考全国文综I卷（以下简称“16年I卷”）39题要求对历史英雄的守护，就是以一个过去时的形式关注着现实和未来。第二，关注“现在时”。我们生活的当下就有很多现实的情境呼唤着学生进行创造性的学以致用。“16年Ⅲ卷”38题对互联网+这一现实的关注，2016年高考全国文综Ⅱ卷（以下简称“16年Ⅱ卷”）39题，对精准扶贫的现实关照，都在唤醒学生学会如何学以致用，并进行创新性的回答。瞄准“未来时”。我们的生活不仅有现在，还有将来，将来承载着我们一代又一代人的梦想。“16年Ⅱ卷”38题阐述新能源汽车的未来影响，又将学生目光引到了对未来的关注。通过“三时”的场景训练，可以为学生的创新精神发展提供一个特定的连续的时空。我们教师所要做的是通过备考带领学生进行这个时空穿越，让他们的能力在穿越中提升。在这一过程中，要渗透学科素养和核心价值，切实提高学生综合运用所学知识论证阐释、分析评价、探究并解决问题的能力，在学习力有所余的情况下提升他们的创新能力。

总之，在高考改革的新背景下，高考政治命题呈现出新特点，我们要适应高考改革的新要求，对考纲进行基础性与整体性的研读，采取科学备考的新对策。这就好比自然科学的基础研究，发现不了眼前实际的应用价值，但效果可能在某一个不经意的未来出现。本文以管窥之见阐述了一些自己的认识，希望得到有关专家的批评与指正。

四、“四维三度”结构中“四翼”与“四能”的关联分析

笔者根据《2017普通高等学校招生全国统一考试大纲》（以下简称2017年考试大纲）要求，新构建了“一体四层四翼”的高考评价体系。之后又根据《2019年普通高等学校招生全国统一考试大纲》（以下简称2019年考试大纲）做出新的调整，提出“一核四层四翼”体系。其中“四翼”的是指“基础性、综合性、应用性、创新性”等四项要求。在政治科大纲中也描述了“获取和解读信息”“调动和运用知识”“描述和阐释事物”“论证和探究问题”等四项考核目标与要求，本书称之为“四能”。“四能”在“四翼”界定的高考怎么考的一般性基础上，进一步明确了思想政治学科如何考的特殊性。在思想政治学科的视野下，对“四翼”部分与四项能力进行对比研究，

结合当前本学科的一些前沿命题指标的探索，对我们的高考备考工作有一定的指导作用。

1）**“四能”的新描述**。2017年考试大纲中，在注重对基础知识、基本技能、基本方法的掌握程度考查的基础上，进一步要求“综合运用所学知识论证阐释、分析评价、探究并解决问题的能力”。这比2016年的考试大纲指出的“综合运用所学知识分析、解决问题的能力”，进一步细化了对更高层面的能力要求。新政治考纲延续了政治课四项能力的结构阐述，在对每项能力进行细化分层描述时，做了进一步的文字提炼与修改，对能力的实质性要求进一步提高。

描述能力要求时，新考纲一律删去“能够”这一修饰词，明确说明高考对考生所学学科知识的能力要求更加看重。在调动和运用知识层面，对知识的运用从“必要的判断”进阶到“正确的判断和推理”，说明了学生对知识要做到精确理解，充分调动并灵活运用学科知识。对知识目标要求拔高。

描述和阐释事物的要求中，将对学科知识的描述从“简洁”换成“准确”，对学生专业化的语言能力要求提高，对出现口语化、随意性的描述说不。在描述“概念、观点”的基础上增加了“原理”，表明考试将更加注重概念、观点之间知识的系统性、体系化。

在论证和探究问题层面，由“提出问题”到“针对问题提出创见性作答”，说明更加突出解决问题的能力，而且是创建性的解决。由“综合使用”到“整合学科知识和方法”，说明新考纲更加注重把握知识间的内在联系，形成学科知识网络。

2）**“四翼”的新概括**。“四翼”对应的四项要求，在有关权威解析文章中，将“基础性”界定在“体现在学生要具备适应大学学习或社会发展的基础知识、基本能力和基本素养”方面。其基本要求是“学生要有全面合理的知识结构、扎实灵活的能力要求和健康健全的人格素养。”这一描述，基本涵盖了知识、能力、价值观的三维目标，也指向了“四层目标”表述的评价指标。只是该表述关注的不仅是内容，而更在于层次，这也是对国家课程体系中高中属于基础教育阶段的一次强调。

关于“综合性”的解析，更多体现在要求学生能够综合运用不同学科知识、思想方法，多角度观察、思考、发现、分析和解决问题。笔者认为这一层的要求强调的是各学科知识的相互贯通，但此时的拓展还停留在学术学习的外延范围内。后面的“应用性”“创新性”要求就开始突破学术阶段的学习场景，向实践要成效了。

“应用性”要求学生具备较强的理论联系实际能力和实践能力。“创新性”要求学生要具有独立思考能力，具备批判性和创新性思维方式。这些要求需要学生突破教条知识走向更加灵活多变的实际应用阶段，要体现21世纪对新公民的基本素质要求，也是以学科核心素养为特征的新课程体系的题中之意。而这两项要求如何通过考试命题显现出来，是考试改革需要直接面对，深刻研究的问题。某种意义上，这两项要求是对新课程改革目标实现程度的检阅。考纲在这里表述的目的是引导教学，但问题的关键是如何通过命题来验收教学成果。

笔者根据对“四翼”的理解，绘制了一幅能初步体现四者关系的结构图（如图4–8），这四项要求是有交叉、有推进的动态过程，结构图只能试图阐释的直观一点，实际的情况要比这个更复杂，至少应该还要有融入性指标在里面。作为对比，我也将“四能”的关系做了一个结构图（如图4–9）。

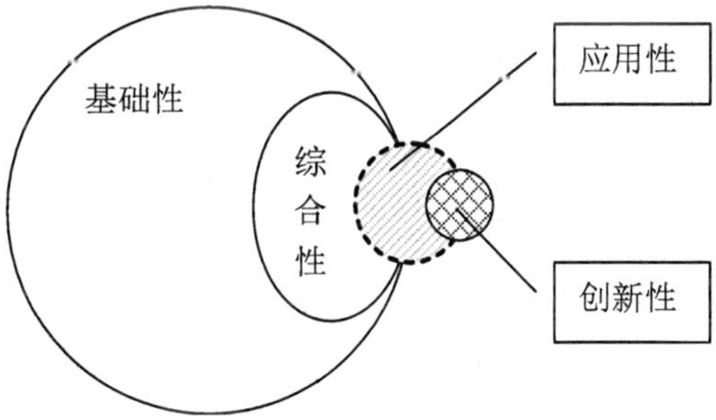

图4–8 四翼关系图

3）**“四能”与“四翼”的关系梳理**。对比“四翼”与“四能”的内涵与外延，我们发现“四翼”中每一项都可以包含一个“四项能力”的层级目标。比如，“基础性”这点，就可以在基础层面要求学生有“获取和解读信息、调动和运用知识、描述和阐释事物、论证和探究问题”的能力，这里注重的是基础性的

“四能”。综合性、应用性乃至创新性里面也有各自不同层次的“四能”要求，就是侧重点与要求层次有所差异。

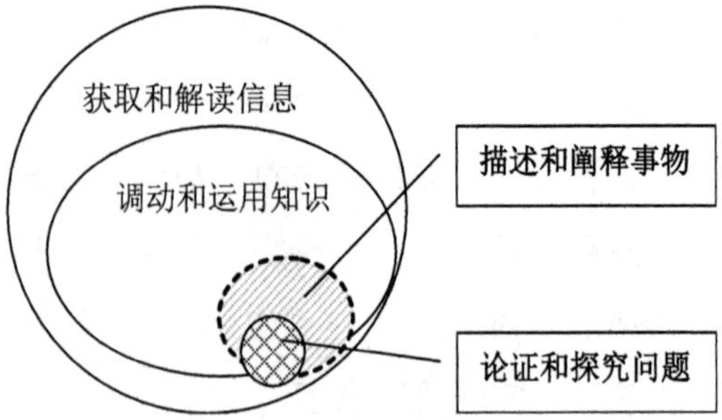

图4-9　四能关系图

某种意义上说，“四翼”是站在整个高中所有科目上的如何对学生能力考查的宏观指标，“四能”是对其如何落实在政治课的微观量化。“四能”是在 “四翼”界定的高考怎么考的基础上，进一步明确思想政治科如何考的问题。政治课的四项能力，更注重体系内部的整合、延伸与探究，具有内敛型，“四翼”强化宏观上对高中生在实践中各学科总体的应用性与创新性的考查，具有扩张性、综合性。如何将两者结合是政治科命题的一个特征，也是一个重难点。

参考近几年的高考试题，我们会发现政治课试题的情景与考查指向越来越贴近生活，贴近实践，明显看到了政治高考命题在坚持区分“四能”层级的前提下，在考查基础性和综合性的同时，开始探索对学生应用性和创新性能力的考查。

（一）2017高考全国文综卷中政治试题对“四翼”与“四能”关系演示

2017年高考全国文综卷中政治试题，围绕“一体四层四翼”，以立德树人为任务，加强了对考生基础知识、基本技能、基本方法的掌握程度考查，贯彻了新考纲要求的“综合运用所学知识论证阐释、分析评价、探究并解决问题的能力”，突出了对学生的关键能力考查。认真研读，细加分析对我们的日常教学具有重要的指导作用。

围绕立德树人，彰显核心素养。政治试题依托问题情境，既正面引领价值观，也为批判性思维的发挥预留空间，充分展现了对政治学科核心素养的考核导向，启发考生直面发展中的问题，自觉践行社会主义核心价值观，全面维护国家立场，全面推进立德树人。

体现国家意志，指向学科核心素养。国家级的人才选拔，必然体现国家层面的核心价值诉求。比如，习总书记的讲话和指示在“17年Ⅰ卷”和“17年Ⅱ卷”出现两次，2017年全国高考文综Ⅲ卷（以下简称“17年Ⅲ卷”）出现三次，充分体现了党的领导核心在政治生活中的重要地位，是对两学一做精神的深刻贯彻，是对政治认同核心素养的集中表达。“17年Ⅰ卷”考查“政府和社会资本合作”“脱贫攻坚”“户籍登记政策”“国际行动”“创业”“人民群众的社会历史主体”等，显现了国家意志，规范着学生的公共参与意识。“17年Ⅰ卷”的“人大释法”和“17年Ⅲ卷”的“人类命运共同体”彰显了社会主义国家的价值追求，召唤着考生的法治意识和理性精神。

突出政治导向，又没忘掉生活诉求。比如“17年Ⅰ卷”的“消费品供给问题”、“中国诗词大会”，“17年Ⅱ卷”的“公共文化服务”等，这些都充分挖掘了生活中的典型事例，体现高考的立足生活场景，培育创新意识，解决生活问题的教育功能。试题材料的选取也充分体现了传统文化的传承与创新，着重展示了传统文化中的优秀品德情操。让传统照进现实，在历史与现实的展望中，以润物细无声的方式，带领考生感受了中华优秀传统文化的独特魅力，向社会传递正能量，传播好声音，唤醒学生的公共参与意识，贯彻“立德树人”的高考总目标。

笔者对2017年高考全国文综卷三份试题进行了粗略统计，发现这三份试题的时政场景体现明显。比如，以年月开头的选择题情境材料，“17年Ⅰ卷”4个，“17年Ⅱ卷”5个，“17年Ⅲ卷”3个。而且“17年Ⅰ卷”“17年Ⅱ卷”的第39题皆以年内人大立法为背景。与其对比的是“16年Ⅰ卷”1个，“16年Ⅱ卷”1个，“16年Ⅲ卷”没有。这就告诉我们，日常教学中要强化时政意识，宣扬国家意志，全面提升学生政治学科素养。当前可以从两个方面做起。

强化理性辨析，用积极的价值引领时政教学。简单的时政内容收集和观点阐释，学生借助一定的工具可自行开展。那些有内在价值冲突，结构复杂的时政议题，需要教师的精巧设计和积极地参与。既要面对那些远在天边的"大"事情，还要直面近在眼前的"小"冲突，要与学生一起沟通探究，发现问题，解决问题。

借助模拟活动，创设综合性的时政教学案例。政治时政内容涉及哲学、经济、政治、法学等学科，具有先天的综合性。针对现实社会中的时政事件，学生更喜欢有一定深度的，让自己惊讶的高层次分析，这样他们才觉得在一节时政课上"学到"了东西。为此，教师要积极主动地借助模拟联合国、模拟政协以及模拟商赛等形式开展综合性的有实践性质的时政探究活动。

（二）强化基础考查，实现四翼要求

笔者根据2017年考试大纲提出，对应"基础性、综合性、应用性、创新性"四项追求。当年政治试题就加强了对基础知识、基本技能、基本方法的掌握程度考查。不仅在选择题上，在材料分析题的问题设计上也是如此。

1）**强化基本概念与基本方法的理解与应用**。比如，"17年Ⅰ卷"第14题的"GDP概念"、16题"债券的作用"、20题"唯物辩证法道理"、23题"哲学方法论"，39题"大常委会"、40题"社会历史主体"。"17年Ⅱ卷"的"价值与使用价值""汇率""村章乡管""民族关系""认识论道理""价值观道理""玉米价格影响""政府、人大和人民""革命批判精神和创新意识"等等。这些都是对学科基础的考查。

2）**对学科综合性与创新性的追求有所调整**。统观三份试卷，试题结构组合在形式上有所改变，但在问题内容的设计上，创新性的追求比往年有所弱化。比如，材料分析题的设问结构基本是"基础知识+应用分析"的模式，"17年Ⅰ卷""17年Ⅱ卷"尤为明显。除了文化生活的材料分析题保留了一定的综合性语境外，其他的分析题在思维层次的深度与广度上要求减弱。

3）**反思与建议**。渐趋成熟的情境化命题模式坚持应用性与创新性原

则，这对培养学生独立思考，理论联系实际的能力有明显的导向作用。这本该是以学科核心素养为特征的新课程体系的题中之意。但在实际操作中，往往被误读成只追求创新与应用而淡化基础与原理。不仅主观性试题的编制对基础概念、基本原理、基本技能重视不够，选择题也出现这种倾向。甚至出现个别材料题答案的编制，有天马行空，不讲学科章法之嫌。长此以往，有教师对基本的学术范畴的理解逐渐模糊，更有甚者居然将学术性的概念和经验性的称谓相混淆，还自以为有了学术大发现。

高中教育立足的是基础，要将基础“体现在学生要具备适应大学学习或社会发展的基础知识、基本能力和基本素养”方面。不能忘掉高中教育的初心，不能因为追求创新与应用而将基础性功能淡化，更不能将普通高中教育与劳动技能性教育混同。我们一线教师，要把握考纲精神，理解命题导向从以下两个方面采取有效举措切实关注高中教育的基础性原则，提高复习备考的针对性。

夯实基础，做到“三清”。逐层把握考纲规定的考点知识，对基本概念、基本原理、基本方法做到“点点清”。逐级区分，精确把握每个高频考点及其细化知识，做到“重点清”。低频考点也要兼顾做到“冷点清”。

提高能力，做好“三题”。“练好题”，用优秀试题有序开展专项突破和合成训练，避免重复劳动、顾此失彼。“讲好题”，评讲试题时要讲清知识，讲透思维方法，讲明答题规范。“命好题”，利用当年时政，命制立意好、情境新、问题实、答案全的典型的情境化试题，关注综合性、应用性的问题，培育学生创新性思维能力。

（三）维度阶次推进，召唤关键能力

“综合运用所学知识论证阐释、分析评价、探究并解决问题”是新考纲对学生关键能力的界定。“考试说明”将政治学科能力目标与要求界定为“获取和解读信息、调动和运用知识、描述和阐释事物、论证和探究问题”四维，四维下又各分三级。这些层级之间相互支撑彼此配合，构成12个有区别、有层次、有梯度的更加细化的能力目标体系。政治高考试题按照四

维三级指标进行了量化层级建构，实现了能力考查从低维到高维的阶次推进。

以简单的文字与熟悉的学科知识，结构成基础的二维学科能力考核情境。比如，“17年I卷”第20题，题干内容“《巴黎协定》要求……，体现的唯物辩证法道理”，考查学生“从文字信息中获取回答问题的信息，有针对性的调动唯物辩证法这一学科知识做出正确的判断和推理”的学科能力。“判断和推理”这一阐释事物的关键学科能力通过这个二维的低维考核情境进行展示。

两个或者两个以上的二维情境组合，构成三维或者四维的多维学科能力考核情境。比如，“17年I卷”第38题，背景信息是文字和数据，指向能力目标与要求的设问由两部分构成。

第一部分“上述材料反映出我国消费品供给存在什么突出问题？”。“上述材料”指向背景文字与数据信息，限定信息的范围，“消费品供给”限定知识调用，两者组合构成一个二维能力考核情境。“消费品供给”又与“存在什么突出问题”一起结构成“调动关于消费品供给的学科、时政知识和相关信息，对存在的问题进行分析”，第二个二维能力考核情境。两个考核情境组合，就结构成一个三维的学科能力目标考核情境体系。这个体系要求学生“从文字中获取回答问题的信息，有针对性的调动消费品供给这一有学科与时政背景的知识，对存在的问题进行正确的分析”。这是一个较高层级的学科能力考查情境。

设问的第二部分是“我国生产企业应如何应对？”，它与第一部分的情境体系组合,构成一个四维能力目标考核体系。即“上述材料”界定要解读的文字与数据信息，“消费品供给”界定调用的知识体系，“存在什么突出问题”要求学生展示分析问题的能力，“我国生产企业应如何应对”则指向进行体现科学精神和创新意识的创见性作答。这个体系统摄了四个能力维度的目标要求。

四维三级的能力体系，实现了对试题考核的目标与要求的分级与量化限定。结合高考试题对这一体系进行深入研究，有利于提高教学的有序性和科学性。当前我们可以从以下两点逐步做起。

熟悉情境设计，构建初具规模的量化分级的能力训练情境。参考考试大纲，依托最新的文字、图表以及整合的时政信息，创设梯级量化的任务情境，调用必备学科知识，逐步提高学科能力训练的目的性、计划性，实现有序教学、科学备考。

坚持三维推进，开展不同维度分级的学科能力专题训练。信息解读是一维能力训练，知识专题、时政专题、题型专题是二维能力训练，借助一定的主题教学推进基础知识、基本技能、基本方法的整合，这属于三维能力训练。通过专题性的分级的量化训练设计，不断地提高学生综合学科能力的实现层次，逐级有序的推进学生学科能力，为完成多维度的能力考核目标与要求提供可能。

立德树人“一堂课”、考试改革“一面旗”、为国选才“一把尺”。在高考改革的背景下，今年高考政治命题呈现出了一些新特点，我们要顺应这一新变化，对考题进行整体性的研读，以采取科学备考的新对策。目的是协助学生形成全面合理的知识结构、扎实灵活的能力要求和健康健全的人格素养。

下面，以一个案例来说明本章探讨的问题。

案例01

廓清人大职权，培育核心素养

新的教育改革的场景下，测试与学科核心素养养成教育完全可以融合。以培养学生学科核心素养为追求的试题评讲，要通过对试题情境的延伸讲解，唤醒学生的政治认同，尝试现实的公共参与，并配合以法治意识、科学精神武装学生。这是高考大纲追求的题中之义，也是立德树人的教育追求。

思想政治学科的学科核心素养是由政治认同、科学精神、法治意识、公共参与等四个相互交融、相互依存的要素构成的。日常教学中，我们不能将其完全割裂分别阐述，要根据实际教学需要，利用某种情境，创设一定的主题进行有目的的引导。这种引导不仅表现在日常的教学活动中，也可以贯穿在特定试题的讲解过程中。下面以一道比较典型的时政情境的选择题评讲为例。

十二届全国人大常委第24次会议启动法律解释程序，对香港基本法第104条作出权威性解释，通过明确相关法律规定，澄清香港社会对基本法所规定的特别行政区法定公职人员宣誓效忠制度的模糊认识。全国人大常委会启动法律解释程序

①是人大履行维护香港长治久安职能的体现 ②有助于维护香港法治和社会政治稳定 ③是全国人大常委会行使立法权的体现 ④是全国人大常委会行使决定权的体现

A.①② B.①④ C.②③ D.③④

此题本身难度并不大，但在具体测试过程中学生的答题准确率只有三成左右。究其原因主要在于学生对人大的立法权和决定权的界定模糊，这是由教材对这些概念语焉不详密切相关的。在分析错误产生原因的基础上，试题评讲时联系实际，展开以学科核心素养养成为目标的评讲课深度教学。

（一）政治认同——善用试题情境，唤醒参与意识，发挥教育功能

教育考试的中心环节是立德树人。通过对试题情境的延伸讲解，加强学生对社会主义制度的理解，唤醒学生的政治认同意识，这本身就是一个公共参与的过程，也是一个立德树人的过程。

2016年11月，十二届全国人大常委会第24次会议启动法律解释程序，对香港基本法第104条作出权威性解释。此次释法，政治意义重大、影响深远。通过明确相关法律规定，为依法处理香港特别行政区立法会议员选举和宣誓中发生的问题，提供有力指引和明确方向。作为一个重大时政事件，当然被高中思想政治课教学所看中，频繁呈现在不同的试题情境中，也不足为怪。

《香港特别特别行政区基本法》对香港是宪法性的根本法，但在中国现行法律体系中只是宪法性法律。“因为我国是单一制国家，特别行政区的自治权只能来自于中央的特别授权，所以不存在所谓的‘剩余权力’问题。特别行政区的自治权来源于全国人民代表大会，对全国人民代表大会负责，受全国人民代表大会监督。”[①]根据香港基本法，全国人大常委会解释法律具有最高的法律权威，所作法律解释与基本法具有同等效力，香港特别行政区任何法律包括普通法都不得与基本法相抵触。一段时间以来，香港某些人肆无忌惮地鼓吹“港独”，某些当选议员更是借宣誓场合公然宣扬“港独”。立法会的正常运作因“宣誓事件”受到极大干扰，严重触碰“一国两制”底线。全国人大常委会适时对基本法第104条作出解释，一锤定音，亮明法律的红线，对遏制“港独”、维护宪法和基本法的权威、维护香港的法治和社会政治稳定具有重要作用。

以上简单的描述，只是对这一事件的一些表面讲解。在延伸评讲教学的过程中将本次释法的背景和同学一起进行必要的探讨，有利于培养学生对社会主义国家的单一制政体的理解，从内心深处唤醒学生的政治认同意识，从而自觉的参与公共政治生活。按照新考纲的要求，考试不仅具有选拔的功能也具有教育的功能，我们通过此题的背景讲解就做到了这一点。

（二）法治意识——评讲配合法律规范，简洁更要严谨

试题的答案解析并不是试题评讲课的唯一目标。教学时，为了给学生有感官的认识，笔者搜集了《中华人民共和国宪法》的相关条文作为对照，帮学生对“立法权”进行学术性的外延感受。目的是培养学生对国家根本大法《中华人民共和国宪法》的感性和理性认识，为法治意识的养成埋下一粒种子。

关于人大的立法权，教材并未进行学术性的概念限定，只是进行了简单的解释性描述。教材在“人民代表大会职权示意图”中是这样描述的：“立法

①汪自成，周成瑜．论全国人大常委会对港澳特区基本法的主动解释[J]．江苏社会科学，2013(1):158.

权，即制定法律的权力。全国人民代表大会及其常委会行使国家立法权，省自治区、直辖市等的人大及其常委会可以制定地方性法规，报全国人民代表大会常务委员会备案”。没有对法律的解释，没有解释什么是国家立法权、什么是地方性法规、什么是备案，以及对修改法律和解释法律的概念界定。

《中华人民共和国宪法》第67条界定全国人大常委会的职权有：立法权、宪法和法律的解释权、人事任免权、国家重大事项决定权、监督权和全国人大授予的其他职权。对比第62条对全国人大职权的界定，发现“宪法和法律的解释权”是常委会所特有的。按其排列的方式可以和立法权、任免权、决定权、监督权并列。再查阅相关法律文章，发现法律学语意下的立法权是指立法机关行使的制定、认可、解释、补充、修改或废止法律的权力。与此衍生，上述试题中的对香港特别行政区基本法的解释，可以归纳为立法权的一部分。

对立法权有了基本的认识，针对学生经常将立法权和决定权混淆，为了避免其他情境下再犯类似的错误。我们还需对人大的决定权进行对比分析。

教材阐述：“决定权是宪法和法律规定的各级人大和县级以上各级人大常委会依照法定程序决定国家和社会或本行政区域重大事项的权力”。但教材并未进一步解析何谓重大事项，学生完全可以将制定颁布法律理解为重大事项之一。日常教学中大部分教师会告诉学生，凡是和法律有关的事项，都属于立法权，但学生很难从理性上信服，如果不得不接受的话，那也是应试教育下的教条理解，换个情境又会犯错。

带领学生进一步查阅宪法相关条款。宪法规定，全国人民代表大会的决定权包括：审查和批准国民经济和社会发展计划和计划执行情况的报告；审查和批准国家的预算和预算执行情况的报告；改变或撤销全国人民代表大会常务委员会不适当的决定；批准省、自治区、直辖市的建置；决定特别行政区的设立及其制度；决定战争和和平的问题。宪法还对全国人民代表大会和地方人大及其常委会的决定权有明确的界定。

简单的几段资料的查阅，可以将学生对概念的模糊变得较为清晰。如果教材能将这些资料通过一定的形式展现出来，除了避免了很多不必要的混乱外，还可能进一步强化学生的法治意识，对于政治认同和理性精神的培养也是大有裨益的。

（三）科学精神——人大四项职权的功能交叉分析尝试

在人大实际的履职活动中，其四项职权之间经常存在交叉的情形。而我们的中学教材没有明确的阐述这一点，以至于试题中频繁出现片面的教条的答案，此时要不失时机地唤醒学生的理性认识，让学生学会用科学的方法思考复杂的生活问题。

与学生一起展开深度学习后，我们发现仅立法权就和其他相关权力至少存在以下两项冲突。

1）监督权和立法权的冲突。有理论认为全国人大常委会法定立法权还包括立法监督权，它是根据宪法第67、100、116条和立法法第85、86、87、88条的有关规定，全国人大常委会行使的。包括①与监督宪法实施相联的立法监督权。②撤销同宪法、法律相抵触的行政法规、决定和命令；③裁决法律之间的冲突。④接受有关立法主体的立法备案权和批准有关规范性法文件权。其中“解释宪法，监督宪法的实施”同属宪法第67条第一项。教材描述的监督权“是监督宪法和法律的实施，监督“一府两院”工作的权力”，就包括了这里所说的立法监督权。如何加以区分，也是一个比较敏感的问题。

2）授权立法和决定权的冲突。根据宪法和立法法的规定，全国人大和全国人大常委会的决定权包括作出各种授权决定。其中的“授权”也应该包括对特定法律制定的授权，比如立法法第9条规定：“第八条规定的事项尚未制定法律的，全国人民代表大会及其常务委员会有权作出决定，授权国务院可以根据实际需要，对其中的部分事项先制定行政法规，但是有关犯罪和刑罚、对公民政治权利的剥夺和限制人身自由的强制措施和处罚、司法制度等事项除外。”据此，授权立法，是属于决定权还是立法权，也不能说没有讨论的必要。

要想解决这些问题，难免需要进行进一步的理性思考。高三学生就可用矛盾的不平衡性原理进行简要阐释。从矛盾的主要方面和次要方面的关系帮学生逐步理清一些形而上的观点冲突。比如，我们认为人大在实际履行职责过程中，有些行为是各项职权的交叉。像上述立法监督权，就是立法权和监督权的交叉。教材将监督权划分为对法的监督和对事的监督也是有道理的。

新的教育改革的场景下，我们完全可以将应试与学科核心素养养成教育进行一定的融合，没有必要将其对立。

第五章

“四维三度”结构在活动型学科课程中的实现

“17课标”为我们勾勒出了一幅能将教学与评价统一起来的“活动型学科课程”的新场景，并提供了一系列操作建议。这些场景包括了系列“四维三度”特征。如何结合这些特征，设计好核心素养视域下的课堂，需要我们关注四个方面的研究：如何协调好“活动”与“学科”的关联，如何把握住活动设计的中心环节，如何寻找到课程实施效度的评判标准，坚守活动型思想政治课“知行合一”的价值追求。

“17课标”进一步明确要求我们的教学“要运用多种方式、方法，引导学生自主学习、合作学习和探究学习”，并强调学生的活动体验是其素养发展的重要途径。为此，课标为我们勾勒出了一幅能将教学与评价统一起来的“活动型学科课程”的新场景，并提供了一系列操作建议。

蓝图的实现需要系列的研究与实践为基础。当前，我们先从四个方面展开思考。首先，搞清楚“活动”与“学科”的关联；其次，把握好活动设计的中心环节——议题；再次，找到活动型学科课程的效度评判指标，最后，坚守活动型思想政治课“知行合一”的价值追求。只有这些问题搞清楚了，我们才能发挥活动型学科课程的实践性和参与性，从“内容—活动—议题—评价”四个方面将课程贯通起来，在具体的教学实践时做到知行合一，最终实现新教育的宏伟理想。

一、“活动”与“学科知识”的关联

高中思想政治学科内容是由逻辑化、系统化、理论化的学科知识和学科话语体系结构而成的。将学科内容的教学与社会实践活动相结合是活动型学科课程的显著特点。为了设计出全方位充当学科内容的载体的系统化、结构化的活动，我们需要至少先弄清楚下列三组命题。

1）**活动课程与学科课程及其对立与统一**。活动课程亦称经验课程、儿童中心课程。它以儿童从事某种活动的兴趣和动机为中心组织课程。法国教育思想家卢梭，美国的杜威和克伯屈都是这一理论的坚持者。

学科课程亦称“分科课程”，是以文化遗产为基础组织起来的传统的课程形态的总称。中国古代的六艺、古希腊的七艺，是最早的学科课程。夸美纽斯、赫尔巴特、斯宾塞、布鲁纳、瓦根舍因、赞科夫都是它的支持者。

活动型学科课程是一个新名词，它表现为“学科课程采取包括社会活动在内的活动设计，即课程内容活动化；或者说学科内容的课程方式就是一系列活动设计的系统安排，即活动设计内容化[①]”。简以概之，它是活动课程与学科课程对立统一的产物，是一个中间体。

2）**“学科”是活动型学科课程的主要方面**。分清社会实践活动与学科内容之间的逻辑和哲学关系是活动型学科课程绕不开的问题。不依赖于学科内容而展开的学习过程，属于活动课程的范畴。依赖于学科内容而开展的实践活动才被称为学科实践活动。我们认为活动型学科课程首先是学科课程，其次才是它的活动型特征。学科是它的本质，活动只是它的特征。活动只是政治学科教学实现方式的一种，属于活动型学科课程的课堂及社会实践活动必须是围绕学科内容而展开的。

儿童的年龄段为0–14岁，正处学龄前阶段和小学阶段。活动课程的主要对象应该是这些儿童。当人的大脑发育和社会经验逐渐成熟后，成年人的

①参见朱明光.关于活动型思想政治课程的思考[J].思想政治课教学,2016(4):5.

教育可更多的采取学科课程的范式，学科课程有它的效率优势。中学阶段，尤其是高中阶段，学生处于儿童和成年之间。此时，“活动型”是对学生主体性、主动性、创造性的唤醒；“学科课程”是对知识体系化、逻辑化、情境化的期盼。这就为“活动型学科课程”出现提供了可能性。当然，能否会再出现一个“学科型活动课程”，这也是一个可以讨论的问题。

3）**如何界定活动型学科课程中的“活动”**。韩震指出：“知与行是活动，学而思也是活动，讲问题是活动，提问题也是活动，社会实践是活动，课堂教学也是活动，寻求结果是活动，享受探究过程也是活动。”[①]这里的“活动”几乎囊括了一切思维活动和实践活动。课堂内外的一切运动都可以归属于这一“活动”的范畴。

涉及到教学方面的活动，不外乎就是“教-学-评”三大类型。那么，讲授不是活动，至少它也是一种运动。活动型课堂需不需要讲授，讲授的地位如何在活动型学科课程中界定，讲授型学科课程是不是活动型学科课程的一种，或者一个组成部分？这些问题是需要我们思考回答的。

我们的观点是：“活动”本身如何界定并不关键，重要的是如何去设计或者选择那些实现课程价值的必要活动，哪怕它就是讲授。教学活动是知行合一的交接点，怎样才能将活动设计成为承载内容目标的基本方式，协调好“课程内容活动化”和“活动设计内容化”的关联。与活动型学科课程相对立的不应该是讲授型学科课程。课堂上，有教师只是把书读一遍，或者背一遍，这种的照本宣科当然应该被否定，但当我们把课堂上的分析、讲解、延伸思维都一概斥责，这是不是也有点矫枉过正。当然，区分适度讲解和照本宣科，本身也并不容易。

二、活动设计的中心环节——议题及其情境的设计

围绕议题展开必要的活动设计关系到活动型学科课程能否成功实施。这

①韩震.核心素养与活动型课程——从本轮思想政治课程标准修订看德育课程的发展趋势[J].思想政治课教学,2016(3):7.

些议题不仅要包含课程的具体内容，而且要包括展示价值判断的基本观点；不仅具有整合性、开放性、思辨性、引领性，而且要体现教学重点，针对学习难点；不仅来自“教学提示”，而且可以自行开发。围绕议题进行系列化、序列化的活动设计时，要把握学科问题展开的情境、要设计出运用信息资料展开探究的策略、要能调用学科知识组织思维逻辑、要能为课堂提供表达和解释的机会。做到这些，下列三个命题首先要能明确理解。

1）**主题教学法、议题中心教学法和议题教学**。主题教学法，是指教师开发出学生个人基于实际而不是基于理论的探究思路，并在此主题框架中紧紧围绕学生、跟踪学生思维研究过程的教学过程。“引出话题—梳理话题—确定主题—自主探究—反馈交流—赏读领悟”是主题教学展开的基本模式，开放的活动是其显著特征。

议题中心教学法，是以争议性议题为起点，直面社会冲突情境，进行思维辨析，展开合作探究。“决策制定模式、法理探究模式、反思探究模式”是其常用的三种教学模式。“在英文中，议题是issuess，更多表示一个有分歧的问题。它不同于主题（theme，一般是指中心）或话题（topic或subject）。”①

“17课标”标注的议题教学法，是对议题中心教学的吸收和改造。面对广泛的学科教学内容，课标吸收了议题中心教学法的思想，但没有将议题窄化为争性议题。在教学中是否设计争辩性议题取决于教学内容和课程资源的开发，课标展示的议题包括但又不局限于争辩性议题。比如“金融是不是一场骗局”“对正在违法犯罪的公民、该不该保护他们的权利”，这些就是可争议的“两难性”的议题，甚至长时间难以达成共识。紧密围绕议题，开展课内外活动一体化的设计与探究，是活动型学科课程活动设计追求的目标之一。活动设计讲究围绕议题系统化、结构化，以全方位充当学科内容的载体。这不同于活动课程只是围绕生活中的主题而开展探究活动，具有外延的完全开放性，更强的综合性。

①张翰．拨开议题迷雾探寻教学新路[J]．中学政治教学参考，2018(6)：31.

活动型学科课程的实施既需要开展课内议题活动，又需要针对课堂活动进行延伸和深化，组织课外拓展活动。而一旦如此操作，又怎么保证学生有充足的时间和精力积极参与，毕竟学生每天有6节以上的新课需要面对。这就需要我们进一步探讨议题活动的频率和效率，统筹兼顾相关学科的学习，不能玩假把式。

2）**"活动与过程"是真目标**。陈友芳撰文认为"基础教育的学科训练主要不在于传授知识，而是获取知识的思想方法与观察世界的思维视角，即基础教育应该少教学科知识，多教思想方法。"①从学科视角看，一个人能否应对来自于真实生活的挑战，关键在于能否运用本学科的思维方式观察世界、分析问题和解决问题。

我们不反对把学科素养理解为：即便忘记具体的学科细节性知识，学科思维方式也依然留在学习者血脉中、脑海里。但同样也坚持，这些思维方式总得在具体性、细节性知识的学习过程中，是一个人经过某个学科的系统训练后获得的，是学科赋予学习者的独有的气质和"味道"。

把"活动"和"过程"当做目标来规定，而不只表达"内容"和"结果"，表达了课程改革一以贯之的基本理念，也彰显了培育核心素养的主旨，这也是塑造活动型学科课程题中应有之义。但这些表述，仿佛又把我们带回了活动课堂的思路。"17课标"为什么不把新的教学范式起名叫"学科型活动课堂"呢。

依据"17课标"，笔者认为活动型学科课程的实质是促进学生学习方式的转变，即引导学生开展学科内的探究性学习。其中心环节一是活动，即社会实践活动；二是过程，即自主、合作、探究的学习过程。这难免会让人产生了一个系列疑问：没有学科知识怎么产生学科思维方法，是学科产生思维，还是活动产生思维？对这些问题的回答涉及我们在设计议题时把"活动与过程""内容与结果"哪个摆在更重要的位置，它们哪个才是真目标。

3）**议题是活动设计的中心环节**。活动型思想政治学科课程，以议题为中

①陈友芳.知识-语言-思维:学科素养导向下的思想政治学科测评体系新转向[J].中国考试,2018(7):55.

心环节，依托学科活动任务，包含学科知识内容，培育学科核心素养。课堂内外所有的活动都应该是依议题为纽带展开的，活动只是形式议题才是核心。这样，活动型思想政治学科课程的实践研究的关键着力点就会变成，如何去构建这些作为中心环节的议题。“17课标”在必修课程的教学提示中列出的议题建议，在教学与评价建议部分详细设计的案例，可以给我们提供一定的参考。

设计议题需要我们能将“教-学-评”三类活动统一在一起。将评价和教学统一起来，做到教考合一，可以达成课程改革和考试改革相统一的追求。课标指出，活动型学科课程的教学设计（议题活动的整合）需要包含三个内容：结构化的学科内容（教）、序列化的活动设计（学）、可操作的测评（评）（图5-1是其关联的简单图示）。这一教学设计构想的具体路径可以被概括为：“基于目标精选议题——围绕议题创设情境——置身情境开展活动——对照目标进行评价。”但这一路径同时也隐含了两个问题：目标如何界定，情境教学和活动教学如何协调。

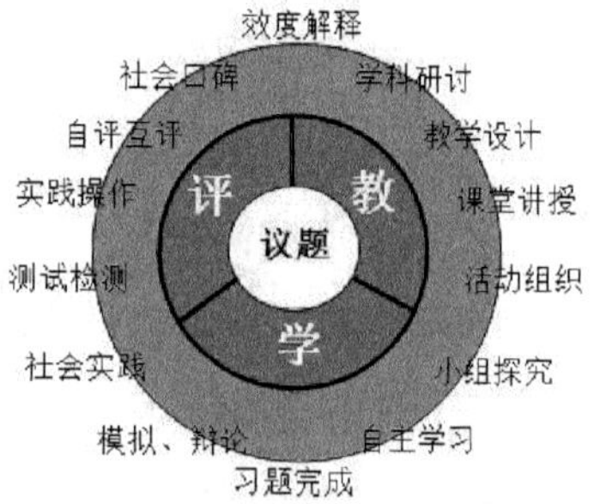

图5-1　议题的中心位置

紧接着，“17课标”在“教学与评价建议”后半部分，对学习路径、教学形式和社会实践活动的开展提供了系列建议：学习，要遵循意义优先，兼顾形式原则，采取有价值引领的辨析式路径；教学，要倡导形式上具备有效的综合性；活动，要追求广泛开展系列化的社会实践。

到这里，我们又会被几个问题困惑：课堂活动和课外活动如何协调，高中课程社会实践的地位如何界定，社会实践活动如何量化测评等。“17课标”强调学科内容的教学与社会实践活动相结合是活动型学科课程的显著特点，并列举了社会实践活动的几种形式，包括志愿服务、社会调查、专题访谈、参观访问以及各种职业体验等。但我们这里需要特别注意的是，基于核心素养开展的活动型学科课程开展的探究活动有别于一般意义上的综合实践活动或活动课程。它是学科内的探究性活动，具有明显的学科特质，具备导向性、主题性、参与性等特征。

三、“四维一体”，实现活动型学科课程“知行合一”的学科价值

“知行合一”说源于王阳明，它与“致良知”说一起构成“阳明心学”的核心。应用在当下，我们还需先抽去其先验论的唯心内核，换上历史唯物主义的价值中枢，对“致良知”说进行一番全新改造。这一改造分三部分展开：以思想政治学科核心素养为“良知”，在议题为纽带的教学活动中“致”良知，在“教-学-评”的过程中实现“知行合一”。

1）**立“良知”，基于思想政治学科核心素养**。“良知”源自《孟子·尽心上》：“所不虑而知者，其良知也”。现代课程研究者认为，通常情况下，学科素养常被理解为：即便学科知识的具体细节已经忘记，却依然可以被本能唤醒的、留在学习者潜意识中的学科思维方式。今天我们完全可以借用学科素养的观点从经验论的角度对“良知”重新解释。浓缩的思想政治学科核心素养可以被重新结构定义成为我们新时代的“良知”范畴。通过活动型学科教育，让这些精神素养，在未来的日子里，当需要时无需我们再思考，其自动出现在我们脑海中，随时指引我们，仿佛是我们先天灵魂的一部分。此时这些核心素养就构成了我们“良知”的核心。

“千教万教，教人求真；千学万学，学做真人”。思想政治教育肩负着立德树人的根本任务和培育社会主义核心价值观的重要使命。思想政治教师最根本的教学目标在于引导学生追求真理；学生最根本的学习目标在于努力做个本真善良的人。从思想政治学科视角看，其学科核心素养包括的政治认同、科学精神、法治意识和公共参与，都是对新时代社会“良知”的外延性描述。师生用一颗真诚的心，追求人生的这些大道真理就是“致良知”的过程。一个学生能否应对现实生活中的道德冲突，关键在于能否运用本学科的思维方式、思想立场作为“良知”的参照来观察、分析和解决现实的问题。

2）“致”良知，以议题为纽带。“致良知”说，良知前冠一“致”字，即点明要将知识与实践、功夫与本体融为一体，方可做到知行合一。“致”字谈的就是兼知兼行的过程，这与课标阐释的“‘活动’和‘过程’才是教学的目标，而不能只表达‘内容’和‘结果’”这一观点不谋而合。在“活动”上做好“致”的功夫，在“过程”中才能实现知行合一。议题教学法是“17课标”为我们构建的做好“致”的学问的好途径，是新时代在具体教学实践中，对“致”的路径进行重新阐释和实践应用的一次全新尝试。

为了实现好一个“致”字，“17课标”要求需先设计出良好的可用于课堂教学的特定的活动议题。这些活动议题要在线性流程、层级结构、策应关联三个维度有明确的定位，这样才能在特定的情境里以规定的活动实现指定的任务。

活动议题的结构设计要关注四个要素：议题、情境、活动、任务。议题通过情境、活动、任务展开。情境要暗含活动、任务；任务设计要包含学科知识的获得与应用；活动设计要为学科任务的完成提供可能，也要为评价的实现提供参照。三个方面同时推进，平行展开，最后统一结构成议题。四位一体构成了议题教学法的完整流程，如图5-2所示。鱼尾为待解决的议题，鱼头为议题完成后的结论。整个鱼身为议题的线性展开过程，以活动为主体，情境和任务结伴前行。

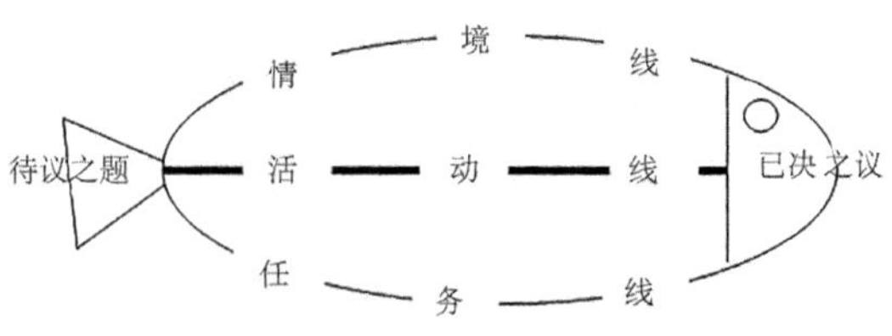

图5-2 议题流程结构图

情境线的展开和设计，我们从复杂性和复杂化两个维度，根据情境所要达到目的进行规划。一般情况下，为完成学科知识教学的议题情境多设计成良性结构，用于整合与探究分析决策的议题情境，多设计成劣性结构。

任务线的架构则稍显晦涩。“17课标”确定的思想政治学科的基本学科任务为“描述与分类”“解释与论证”“预测与选择”“辨析与评价”四项。

通过“描述与分类”回答“是什么”。运用理论知识和经验材料对探究出的结论进行合乎逻辑与科学要求的“解释与论证”，回答“为什么”的问题。进行“辨析与评价”，完成“预测与选择”要求根据特定的条件和决策目标设计出合理的可行方案，解决“应该怎样做”与最终“怎样做”。根据对这些待完成的学科任务进行分类，可将课堂知识的学习过程分解为理解、应用、迁移三个阶段。沈雪春老师借用了“体操棒”①式情知关联，以及鱼骨图的两种形态结构，结合议题情境的展开与推进，对学科任务的完成情况进行了初步的分类与描述，并明确其在课堂活动中的位置与作用。

鱼骨图，顾名思义如鱼的骨架。在鱼尾填上现状或待解决问题，脊椎上描述达成过程的步骤与相关因素，鱼头标注目标，如图5-3所示。根据基本学科任务，鱼骨图被分为三类：整理问题型（情境要素与学科知识间是对应的结构构成关系，可用于课堂导入）；原因型（鱼头在右，主要用于完成解释与论证的学科任务，对应分析性的课堂探究活动）；对策型（鱼头在左，我们可在鱼骨上标注“预测与选择”的各个项目，或者“辨析与评价”不同方面）。这三种图形式结构的展开可帮助我们思路清晰的设计学科任务进程。

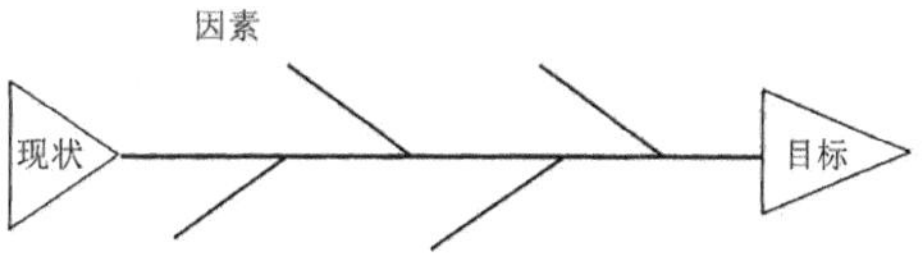

图5-3 鱼骨图示例

活动线的架构，要根据活动所处的课堂位置和推进进度将其分为导入性、分析性、决策性等议题活动类型展开。根据活动的功能和目标定位，亦可将其分为接受式和建构式两种类型。接受式探究活动，一般要增强其内容上的接受性和形式上的可探究性，要利用整理问题型鱼骨图引导学生展开探究，帮助学生了解教材原理，培养探究能力。建构式探究根据其对应的学科任务，被细化为争论性探究、决策性探究和反思性探究活动。

在进行具体的教学设计时，我们结合表格对比，以议题为载体，依托三个进程同步推动课堂。议题的活动依附在议题情境中展开，跟随议题任务发

①沈雪春.议题式教学的层式架构[J].中学政治教学参考,2018(10):32.

展，三位一体构成整个议题的整个进程。比如为完成“真理的相对性与绝对性”这一学科知识教学，我们设计了“南辕北辙与盲人摸象的时代认知与现实修炼”这一议题，并行了三个线程的平行设计（如表5-1）。

表5-1 南辕北辙与盲人摸象的认知分析(议题)

情境	任务与知识	活动
①设计南辕北辙场景,讨论行不行。 ②设计盲人摸象场景,讨论蠢不蠢?	①讨论天圆地方和地球球形论的观点,辨析与评价南辕北辙的时代性与条件性。 ②讨论认识难免陷入盲人摸象的境遇,分析论证真理的绝对性与相对性的统一。	学生通过单生思辨,小组讨论等活动,提高辩证思维能力,提升学科素养。

3）**“知行合一”，在“教-学-评”的统一中实现。**中国哲学说的知行关系主要指道德认识与道德践履，前期有朱熹的“知行二分”说，后期有王守仁的“知行合一”。“知行合一”说认为“学、问、思、辨、行”都是知的功夫，也是行的功夫：“知之真切笃实处即是行。行之明觉精察处即是知”。

今天，思想政治课不仅是一门道德认识的课程，更应是一幅道德践履的风景图。这就要求我们教学时，不应将知和行的关系庸俗化为实践和认识谁先谁后的一般认识论问题，不能认为在学、问、思、辨之后，才肯着手去行。学的过程必然产生疑惑，有疑就有问，问即是学，也是行。有疑的地方就有思，思就是学，就是行。有疑有思的地方，就有辨。辨已明，思已慎，问已审，学已能，还需连续用功，这就是笃行。“学”是针对能做成事而言，“问”是针对需解除困惑而言，“思”是针对通晓事物的道理而言，“辨”是针对精细考察而言，“行”是针对踏踏实实地做而言。它们虽是五个方面的功用，但所做的事只有一件，在教与学的统一中实现知行合一。

为达“知行合一”的目标，统一整个教学过程，活动型思想政治学科课程还离不开一个“评”字。这就需在教学时通过议题任务的设置，在活动中对学生的知行状态进行描写和阐述，外显学生学科核心素养，完成教学评价过程。下面以“17课标”提供的评价案例的考试样题3为例，进行一次议题式改造，在完成教学两个进程中，完成学科核心素养的评价，实现“教-学-评”的统一。

“17课标”提供的评价案例的考试样题3，以1968年，英国学者哈丁在《科学》杂志上发表的一篇题为《公地的悲剧》的文章改造而成。按照本文“‘致’良知，以议题为纽带”部分的规范，我们对其进行一次议题化设计改造，如表5–2所示：

表5–2 “公地悲剧”的困境与政策应对（议题）

情境	任务与知识	活动
有一块广阔的公共草地，周围的村民到草地上无限放牧，导致草地退化。政府的限制和监管遭受质疑。	要求学生理解“公地悲剧”的本质特征，说明其成因，对问题解决方案的合理性、可行性进行分析和论证。完成描述与分类、解释与论证、预测与选择等学科任务，涉及价值与价值评价与选择，政府职能及其履行等相关知识。	讨论分析“悲剧”形成原因，搜集整理影响镇政府限制和监管有效性的因素。

为了推动课堂前进，我们将议题的探究部分分解为两个任务：①你认为导致“公地悲剧”的主要原因是什么？②你认为哪些因素会影响镇政府对放养牛羊数量实行限制和监管的有效性？

完成第一个任务，教师要带领学生学会设计如图5–4所示的分析原因型鱼骨图。从村民、草地、政府等三个角度调用知识分析“公地悲剧”产生的不同原因。带动学生参与活动，提高课堂活动的积极性和效率性。

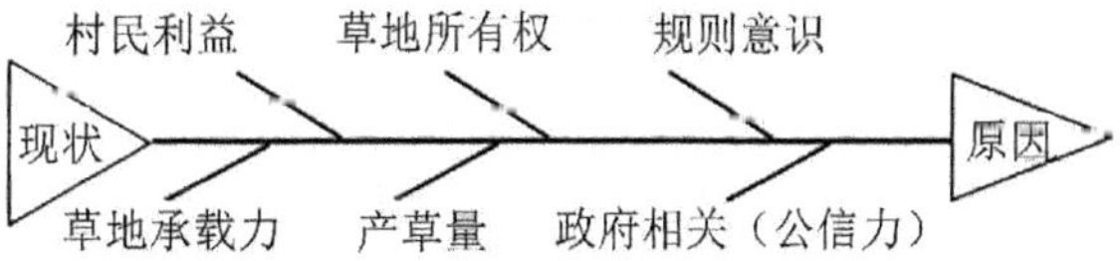

图5–4 分析原因型鱼骨图（鱼头向右）

完成第二个任务，教师带领学生分村民、草地、政府等三个小组，从不同角度，设计如图5–5所示的决策性型鱼骨图。最后聚焦点在政府这个主体如何应上。调用的知识可以是经济生活、政治生活乃至文化生活的。

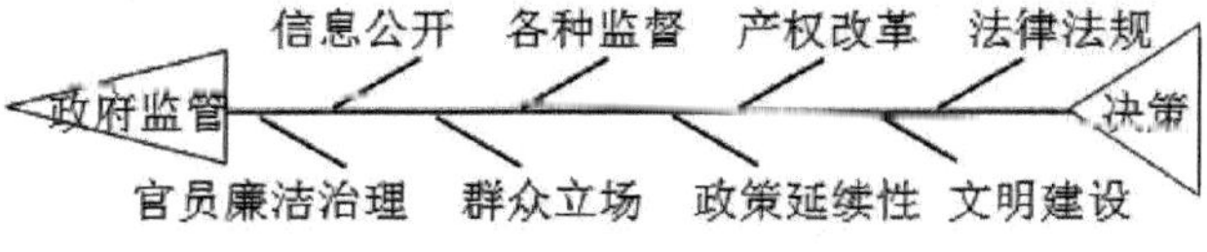

图5–5 决策型鱼骨图（鱼头向左）

这样，随着的议题任务活动的推进，学生在活动中的表现也在逐步显现。为了实现跟随评价，既评价学习情况，又引导活动过程，我们参考“17课标”示例制作了一个评价表（如表5-3）。

表5-3 “公地悲剧”议题活动学生评价

维度	等级				教师评价：
	A	B	C	D	
积极参与资料的收集、整理					
信息收集的精确、充分、有条理，积极表达见解					
与小组同学相互配合，并能为小组观点提供例证					
系统的形成小组的观点，为主要观点提供详细的解释例证，并能依托收集的资料进行一定的预测					
对“公地悲剧”的原因、影响及解决办法等认识深刻、观点独到，并能对比进行正确的辨析与评价					

至此，整个议题教学包括的“教-学-评”三类活动全部完成。活动型学科课堂操作要求的四个步骤，“基于目标精选议题—围绕议题创设情境—置身情境开展活动—对照目标进行评价”，也一一实现。此时的课堂是一个阐释道德价值的过程，也是一个“致良知”的过程，更是一个追求与实现“知行合一”的课程价值目标的过程。“知行合一”，在“教-学—评”的统一中实现了。

“良知”是一般的，功夫是特殊的。我们的日常教学“要运用多种方式、方法，引导学生自主学习、合作学习和探究学习”，要遵循“意义优先，兼顾形式”原则，采取有价值引领的具备有效的综合性的有实践参与的教学路径。这是塑造学科素养的必然选择，也是活动型学科课程实施的应然要求。“真知即所以为行，不行不足谓之知”是教育的、社会的也是时代的要求。无论是在现实生活还是课程教学中，我们每一天都要以“日新，日日新”的“致良知”的功夫去面对，去践行“知行合一”。

下面，笔者以几个案例来说明本章探讨的问题。

课例01

“价值判断与价值选择”的议题教学设计

从“智造名城”的城市定位与马钢的转型说起

（一）教学目标

结合真实情境，探讨并领悟不同的人为什么会有不同的价值观，在此基础上作出正确的价值判断；结合“生态福地·智造名城”的马鞍山城市定位，理解社会存在决定社会意识；综合应用所学知识，提升分析解决实际问题的能力与学科素养！

（二）教学重难点

1）**教学重点**：不同的人为什么有不同的价值观。

2）**教学难点**：正确价值判断的依据。

（三）教学方式

议题式教学：教师引导与学生的自主探究、小组合作相结合

（四）教学过程

1）**导入新课**

由两份数据，一座城市说起：

数据1：

2017年安徽各市GDP总量排行榜			
排名	城市	GDP（亿元）	GDP增速
——	安徽	27518.7	8.5%
1	合肥	7213.4	8.5%
2	芜湖	3065.52	8.9%
3	马鞍山	1738.09	8.7%
4	安庆	1708.6	8.2%
5	滁州	1607.7	9.0%
6	阜阳	1571.1	9.0%

数据2：

马鞍山的崛起历程。马钢最被倚重的时候，对马鞍山财政的贡献占到70%~80%。“当时最流行的话是，不当马钢工人，就当马钢夫人，大家千方百计都要到马钢来，收入高、福利好。除了没有火葬场，生生死死都在马钢。”

按照马鞍山今年年初（2016年）公布的数字，马钢上缴税收占全市财政收入的比重已经由“十一五”末的22.6%降至10.2%，尽管从1990年代开始，马鞍山就已经发展起了以华菱星马、山鹰纸业等一批上市公司，但是如何处理马钢与这座城市的关系，如何定位钢铁对这座城市的影响，如何寻找到替代产业，一直以来都是地方政府所要明确的问题。回溯从1980年代至今的历程，地方政府的施政在既想淡化马钢影响又发现摆脱不了马钢影响的复杂态度中游移。

——摘自《南风窗》之《马钢和一座城市的转型探路》

利用三个层次的导入，到本课的主题：“生态福地·智造名城”的马鞍山城市定位。本节课就是通过对绿色发展的研究来透析“人们为什么有不同的价值观”。

2）新课展开

第一部分：价值冲突

以马钢的转型发展为背景，模拟同学“小曼”及其家人面对的真实情境，让学生现场选择（现场摆不同代表的席卡，学生现场调座位），根据不同的身份进行分组讨论探究，并把讨论的情况记录在下发的表格上，准备汇报。

（材料）到了今天，马钢和马鞍山都面临转型的关口。

对于马钢来说，最现实的问题是如何将五万名职工中的两万人分流安置。现在有一个规划，陆续分流，其中一万人是劳务工，一万人是正式职工，可以内部退养、协议保留劳动关系，也可以通过一定的补偿解除劳动合同。比如说，一个50多岁的工人不想干了，就拿一个最低工资和500块的补偿，每个月大概是1000多元，三险一金继续交，等到了年龄再来办退休。

小曼家住在一钢厂附近，对于马钢的转型发展，一家人有不同的意见：

父亲（在马钢上班）：在钢厂上班，能有一份不错的收入，一点污染算什么？

姑父（马钢某企业负责人）：整治提升是好事，但是购买一套治污设备要花不少钱，不合算。

探究一：对马钢的转型发展整治环境，“你”的态度是什么？理由是什么？

角色代表	
态度	理由
同意	
不同意	
其他意见	

“你”——职工、企业负责人、附近居民、相关政府部门等。

通过交流讨论，教师引导，让学生感悟：人们的社会地位不同、需要不同、立场不同，不同的人对同一事物有不同的认识，可能作出不同的价值判断，体现了不同的价值观。

（过渡）每个人站在自己的立场上，发表了不同的意见，体现了不同的价值观，而且讲得都挺有道理的，同意整治的同学讲得头头是道，不同意的同学也“振振有词”。那究竟要不要转型和整治呢？

第二部分：正确判断

（材料）为还城市蓝天白云，2016年，马钢痛下决心，对马钢合肥公司炼铁、炼焦、烧结、炼钢等落后装备和机组实施永久性关停。

为进一步改善空气质量，全面净化周边环境，马钢以建立清洁绿色“花园式工厂”为目标，不断加强设备在线安全检测和环境综合整治。“十二五”期间，在整个钢铁行业生产经营和资金极其有限的情况下，马钢优先挤出环保建设所需资金，累计投资17.5亿元，有序、有力、有效安排好环境治理项目建设，完成了烟气脱硫脱硝、烧结脱硫、废水治理、锅炉电除尘等项目，形成了每年减排二氧化硫3万吨、脱硫8500吨、脱硝5600吨和处理烟气能力达7702立方米/小时、处理废水能力达285万吨/日的能力，并实现了“不向长江排放一滴污水”的目标。

探究二：对于这样的整治结果，你是否认可？为什么？

学生交流讨论，回答。

对于这样的整治方案，大家基本是认可的。主要理由：

第一，这个结果，不是站在局部的、少数人的利益立场上，而是站在绝大多数、最广大人民群众的立场上，维护的是最广大人们群众的利益。把人民群众的利益作为最高的价值标准。

第二，这个结果，不只看眼前，更看长远。虽然眼前要花更多的钱用来搬迁、改造、提升等，但这个方案从长远看，它是会让大家、社会、国家受益的。因为这个结果遵循了大自然的规律，遵循了经济建设规律，遵循了社会发展规律。我们不能再污染环境了，不能再走“先污染后治理”的老路了，不管是我们国家，还是西方国家，都有这样的教训。（雾都伦敦）所以这个结果是可推广的，符合“绿色发展”的理念。

（材料）由“生态福地·智造名城”的马鞍山城市定位，过渡到习近平总书记的一句著名的论断：绿水青山就是金山银山。同时引导出人们对于绿水青山和金山银山这“两座山”之间关系的认识经过了三个阶段：

第一个阶段：宁要金山银山，不要绿水青山

第二个阶段：既要金山银山，也要绿水青山

第三个阶段：绿水青山就是金山银山

探究三：我们对于这两座山之间关系的认识，为什么会发生变化？

认识变化的背后实际上是一些实际情况在变化。这里的实际情况有很多，主要有两个：一是经济发展情况。生产力水平、经济发展水平、人民的生活水平——原来都比较低，所以人们特别注重经济发展，甚至不惜浪费资源，危害环境。有没有错？没有错。二是环境、资源状况。原来环境的问题没有这么严重，大家也意识不到，也不太关注。比如雾霾，10 年前或者更早 20 年前，大家关注雾霾吗？可能都没听说过“雾霾”，慢慢地，随着经济发展，人民生活水平提高，环境污染问题越来越严重，经济发展和资源匮乏、环境恶化之间的矛盾开始凸显出来，人们意识到环境是我们生存发展的根本，要留得青山在，才能有柴烧。

由此推导出：社会存在决定社会意识。有什么样的社会存在就有什么样的社会意识，社会存在的变化、发展决定社会意识的变化、发展。

在此基础上提升：

（1）价值观的含义及实质：我们今天探讨的话题是“人们为什么有不同的价值观”，价值观是什么？价值观是人们在认识各种具体事物的价值的基础上，会形成对事物价值的总的看法和根本观点。价值观属于哪个的范畴？是社会存在还是社会意识？社会意识。价值观的实质就是社会意识。

（2）既然是社会意识，那按照我们刚才讲的，社会意识由什么决定？社会存在。所以人们为什么有不同的价值观，归根到底是因为什么？是因为有不同的社会存在。有不同的实际情况，有不同的生产力水平，有不同的生产关系等等。其实我们刚才探讨的对于经济发展与环境保护之间关系三个阶段的不同认识，代表了三个不同阶段的经济发展观、环境保护观，实际上也是就代表了不同的价值观。是不是？人们的价值观在不断地发生变化，为什么？社会存在在变，随着生产力水平在变，随着时间、地点、条件的变化，人们的价值观也会发生变化。

（过渡）解读了“生态福地·智造名城”的马鞍山城市定位，分析了大家基本都是认可这个结果，但还有一些人不认可，是谁呢？

（材料）

人社部数据显示，钢铁系统去产能大约涉及职工安置50万人。国家发展改革委主任徐绍史在夏季达沃斯论坛上表示，今年钢铁要去产能4500万吨，需要安置员工18万人。职工安置不仅关系到千万职工的切身利益，也决定着去产能能否顺利推进。

第三部分：解决问题

（材料）整治方案出台后，某企业被列入“政策淘汰”那一批。该企业的部分员工，聚在厂里，议论纷纷，他们对于自己运行正常的企业被淘汰不理解，很不满，认为企业被淘汰了，自己就会下岗。如果政府不管他们，不帮助他们解决实际问题，他们就会去政府门口，采取静坐、拉横幅等方式表示抗议。

探究四：作为政府相关部门的代表，得知消息后，你要去做他们的工作。

你准备从哪些方面来做工作？

此篇章属于对本节课内容的运用与提升，涉及到学生对所学知识的综合运用，对于提升学生四个方面的政治学科核心素养都有体现。

（1）澄清认识：作出正确的价值判断——科学精神、政治认同素养

（2）解决问题：从《经济生活》《政治生活》角度谈政府职能的发挥和劳动者技能素养的提升。

（3）合理表达：公民的权利与义务、合理有序参与——政治参与、法治意识素养

（材料）

马钢合肥钢铁公司全部钢铁冶炼生产线被关停，涉及近5000名职工。合肥市安排当地国资委下属11家企业提供1500多个岗位，以及上千个公益性岗位，为职工提供多样化安置选择。截止到6月16日分流安置结束，职工选择到市属企业876人，到公益性岗位434人。

3）总结提升

教师对本节课内容进行简单小结，结合“生态福地·智造名城”的马鞍山城市定位，由不同的价值判断到作出正确的价值判断，再引升到“社会主义核心价值观”，作价值引领与情感提升。

4）板书提纲与课后反思

（1）板书提纲（略）

（2）课后反思（略）

第六章

实践活动型学科课程展示学生素养表现层级

活动型学科课程在课堂上，教师主持，学生参与。但到底有多少素养能够通过活动与议题养成，很多时候是一个未知数。虽然我们可以通过有参数的试题进行测试，但最终逃不脱应试的藩篱。素养的养成需要一系列的活动，活动的过程需要一系列的思考，思考要有印记才能够被观察，被观察才能被评价。所以要求我们的活动开展也要有记录留存，本章共分为四个层次展开评价。

第一个层次是学生要学会搜集整理和学科相关的信息，并能清晰地表达出整理的过程和结果。这个活动从学段来说，大都要在高中入学的第一个学期就要带领学生完成。我们经过了十几年的演化与推进，留存了大量的文字记录。本章我们将只选取近年来数百篇相关信息材料中的三篇，进行一个展示。

第二个层次是能力训练和素养养成。这需要学生在学习的过程中能够利用所学的学科知识分析问题、论证观点。不同的学生切入这个素养培养的时间点会不同，还要根据其第一个层次的表现而确定。这个层次的能力与第三个层次很难区分，关键是学生在分析和论证问题的系统性和深刻性上的差别。第二个层次的能力展示主要是浅表性的知识系统层面，属于“四维三度”的第二个维度。日常我们采取的方法是对学生简短的论述性文本性质的文章进行收集。本章也是从数百篇论文中选取了近年来两篇较短的有一定代表性的例证材料。

第三个层次是培养学科思维，内化学科素养，我们采取的方式是带领学生参与各种形式的议题的模拟活动。近年来我们参与过模拟联合国、模拟商业、模拟政协等活动。通过模拟的和实践的场景，带领学生完成学科任务，培养学科思维，内化学科素养。本章也选取两篇记录，对其进行展示。

第四个层次是要立足于情感价值观与思想的表达。主张学生进行真实的情感的展示与表达。

这四个层次的展示与表现，对应“四维三度”的四个维度。至于其在不同维度的层级深度，则是一个更加复杂的研究向度，本书篇幅所限，不做详细展开。

一、学会在生活中和书籍里搜集整理学科相关信息

占有大量的信息是进行学习和问题研究的前提，学生进行社会活动、调查实践与研学活动是一种直接获得信息的方法，进行历史经典的阅读是一种间接的获得信息的方法。本部分我们仅仅选取了三篇小记，包括两篇军训日记，一篇研学心得，粗略的展示一下同学们通过各种途径搜集和整理的信息的努力。经典的阅读与写作很难从思维层面和思想层面区分，这一部分的文章我们放在下一个环节展示。

秋天，第一片落叶

王再越（2017级高一103班）

十五岁从军的我们，是秋天的第一片落叶。

那一天，打靶而归，走在羊肠小道上，湿云不渡，清风不歇。草绿色的军装在风拂中阵阵起伏，就像是路边摇曳的树影。

队列经过一棵树旁，我无意抬头，竟瞥见一片叶踉跄在枝头，它最终还是受不住几百号人脚步的熙攘，跌落下来。细小的脉络倾向树冠的方向，似乎一步一回首。这大概是蛾寒初破东风时的第一片落叶，我读得出它脉脉深情中的疼痛和怅惘。

我们何尝不是这一片叶呢？

十五岁的我们换上不合身的军装，告别家温暖的怀抱，未脱稚气的身体投入到冰冷坚硬的军营里。茫茫沙场上找不到亲切的笑，遍地是沙哑的嘶吼和磐石般的信念。

集合！排队！稍息！立正！向左转！向右转！齐步走！正步走！还年少的我们从大人口中听到的只有这些，没有“亲爱的宝贝”也没有“要不要喝水”。我们甚至会忘却自己响亮的名字，只听见别人叫我们“新兵”“同学”。

每天的生活纹丝不差地重叠在一起，没有变换，没有特色。我们不能准确记起当天做过什么事，因为今天总会和昨天混淆在一起。我们的口袋里缺少了糖果和薯片；我们的眼前夺走了小说和手机；不习惯早睡的我们只能对着窗棂透过的路灯灯光发呆；晨曦微露下的拉练总让我们叫苦不堪；月色尚好的夜晚，我们的脸颊上会挂着泪痕，等着鸡鸣缓缓荡来。

我们向着军营的大门迈去，每一步都是尽全部气力，走了好久好久，似乎走到天涯海角也走不到尽头。

我们对着转动的太阳数着一分一秒，每一秒都熬过一个秋，数了好长好长，似乎数完了星空也数不到放纵。

我们眺望着操场外来往的车辆，每一辆都带着自由的捷报，望了好多好多，但我们望不到那串期盼的车牌号。

十五岁的我们是秋天的第一片落叶，他刚刚离开给予他生命和幸福的那棵树，孑然一身，随风飘摇。

倏地，微暗的天角吐出一方白云，黄昏时分竟然洒下几束涩涩的阳光。伶仃的叶穿梭在光影间舞出一番娉婷；叶面镀上一层微醺的金黄。在明与暗，青与白交错的光环中纷飞。风牵起它的手，它牵出了少年心中飘忽不定的诗韵。我读得出它袅袅舞姿中的憧憬和明媚——冲破困境和忧愁，直指苍穹。

年少的我们就是这样的一片叶。

即使如履薄冰，我们依旧能在岩层的缝隙中发现开得正盛的野花，郊区的军营任何一处栏杆外都有世外桃源——小桥流水、麦田风车、亭台楼阁……有的是绝不输旅游胜地的人文景观；清晨，揉着惺忪的睡眼，眼帘里倒映的远方的青黛山最是好看，朦胧的轮廓，青螺般立在稀疏的霞光下；偶有孤鹜划过，一声鸣叫后又回归崭新的肃静，静中回味着鹜鸣的遗响。美景如斯，该是贫瘠的日子里最大的慰藉。

紧促单调的生活并非不无喜悦：战友们共同努力，相互协作，整齐的方阵是我们奋斗的成果，恶骂中的夸赞是我们炫耀的资本。

舍友们在陌生中渐渐被日月洗礼出恰到好处的友情--我们会悄悄推迟熄灯的时间，偷偷分吃绝版的零食；裹着被子，咬着嘴唇，听着莫名其妙的鬼故事，我们也会在极其疲倦无奈时背诵徐志摩的情诗，闲聊着各种各样有虚无实却还朗朗上口的八卦，这些乐趣总隐藏在苦恼的背后，以至于我们身在其中时并不曾发觉。

在这里，我们有过挣扎，也在不经意间汲取能量。

我们知道每一步都用力去走才能愈走愈远，走去天涯海角；我们知道每一秒都充实去过才能愈积愈长，仰望更广的星空；我们离开，所以才懂得象征家的车牌号有多么重要；我们出走，才明白亲人是给予我们生命和幸福的大树，才会拥抱珍重，铭记拥有。

十五岁的我们就是这样的一片叶，秋天的第一片落叶。它别离得惆怅，更舞得静美。当它靠近我耳边，我读得出它的心声：他感谢让他跌落的那阵风，他埋怨过，憎恨过，最终只珍藏了好意，封锁在心底，带着这份永恒的经历，飞向下一个人生的岔路口。

在我们这个年纪，
泪珠和汗水可以浇灌烂漫的花，

咽呜和困苦可以精沏沁酽的茶；
笑的是惺忪的鬓发，
歌的是多情的诗画；
十五岁的军旅生涯
一部写不完的双全法，
不负青春，
不负韶华。

被汗水浸润的时光

宋心悦（2017级高一103班）

大巴车缓缓地开离基地，向着家的方向驶去。濮塘基地的大门仍然安静地立在雨中，目送着我们离开。就在七天前，我和我的同学们迎着酷暑后初秋明媚的阳光，怀着激动与忐忑的心情，迈进了市中学生实践基地的大门，开启了我们的崭新的国防教育和军训生活。

七天的时光，我们在这里留下了许多美好的回忆，留下了我们的欢声笑语，我们的汗水与努力。秋老虎可不是“盖”的，36摄氏度的高温，骄阳似火，还记得第一天，首先就要在训练场训练军姿。尽管思想上也有所准备，可是身体的磨炼备受考验。不一会儿，汗水就已经将衣服浸湿，豆大的汗珠从脸上不断地滚落。已经开始有同学撑不住了，出现了类似中暑的症状，要求休息。时间一分一秒地过去，那时的我，以为自己要坚持不下去了，身子由原先的站得笔直变得微微晃动起来，脚跟已经疼痛难忍。当然要挺住，这是我当时的信念。再看看周围，同学们大多坚持着，即便有不适的，大多数在稍做休息后，又重新回到了队伍中。我们的脸上已经布满了汗水，但我们的军姿依然挺拔，我很高兴我坚持了下来。

其中最难忘的一天，要从那天早上的拓展训练说起。

早上我们在训练场集合整队后，就被教官带到了拓展训练基地。由我们的领队老师将我们带到了水上项目——“海豹突击”的八一拓展训练基地。老师在讲解了安全衣是怎样穿戴之后，便让我们开始训练。

我们必须要先走过在水上由一块块木板组成的道路。就是踩着一块块晃动的木板，两手抓着旁边的锁链走过去。远远看上去，湖面上一片平静，一块块木板也看上去十分平稳。可当我踩上去的那一刹那，我就想摸了电门一样，颤抖不已，寸步难行。

就在我摇摇晃晃地走过了五块板以后，我最担心的事发生了。在我站在木板上颤抖不已的时候，脚下一滑，掉入了池塘中。虽然有保护措施，但它只拉住了我的上半身，下半身全部浸在水里。对面的老师大声对我喊：“没事，站起来！”我两脚踩在两块木板后，拉着两边锁链，几番挣扎后终于站了起来。

可站起来后，依然晃得厉害，我又没什么平衡感。没走几步后，我又一次滑落水中。挣扎起来后，走几步又滑入水中。我已经快崩溃了，望着还有一半的路程，我恨不得从水中游到对岸，我觉得我走不过去了。

可四周的鼓励声，让我又一次站了起来，继续摇晃晃地向前走。我拼尽全力抓住绳索，最后又滑了一次。终于，只剩下六七块板了。我好像找到了平衡点，平稳到达了对岸。当我湿漉漉回到岸上的时候，我整个人是懵的，大脑一片空白。直到回寝室换衣服的路上才缓过来，才发现小拇指被铁索划掉了一块皮，十分疼。可当时只顾着要向对岸走，只顾着拼命抓住绳索，根本没有感觉。回到寝室才发现小腿上也青了好几块。

这次拓展训练，不仅让我知道，表面上看上去平静的东西，有时候蕴含危机。更让我明白了坚持的意义。不管遭遇什么，不管遇到什么困难，只要保持冷静，紧盯目标，坚定地向前走，不轻言放弃，一定能走到胜利的彼岸！

尘城——我们一路走来

周辰宇(2017级高一103班)

青石铺就的长巷，飘散着古城淡淡烟火，偶有行人悠闲走过，把恍惚的记忆，遗落在时光里。

——题记

时光凝固成一首歌，空灵的勾勒出迷蒙的轮廓。在天空中沉沉浮浮；时光幻化成一位老人，一步一步地走入岁月的深处，留下几页未完的旧稿。

杏花铺满青石巷，每一段花脉都在星光坠落的时刻诉说着古城早已尘封的旧事，传递着深深的禅意。

落日的余晖荡漾在水的柔波里，温暖的秋阳点亮了远方的路。绍兴，轻盈而厚重，背负着浓厚的往事，迈着轻快的步伐，向远方的地平线奔去，风雨兼程。

鲁迅故居，民族脊梁。

“不必说碧绿的菜畦，光滑的石井栏，高大的皂荚树，紫红的桑葚，也不必说鸣蝉在树叶里长吟……”

白墙黑瓦旁绿树流光描绘出秋日明媚，碧水微波上船桨乌篷勾勒出江南水乡，若是说历史长河为漆黑的夜幕，则鲁迅便是星河中一颗闪烁的星子。那段黑暗的时代，那些明枪暗箭，愤懑不平晕染着这儿的一草一村。白，便如雪般纯净；黑，便如夜空般纯粹。时光悠然绵长，磨不平鲁迅故居不灭的锋芒，烙印着不屈的傲骨，凝练的笔墨。

推开岁月虚掩的门，飞扬的檐角，大方的庭院如同一幅水墨画卷徐徐铺展开来。洁白的牌匾已被年月中洗礼成了淡黄，泛着暗暗的黑，那是烟火的洗礼。遒劲有力的字镌刻于上，笔锋平和又不失张扬。对联上妖冶的红早已褪去，留下成熟与稳重，字里行间流转着谆谆教诲与严谨的家训，八仙桌仍规规矩矩的摆放在堂室中央，仿佛时光倒流，回到那个曾经生机勃勃的家，入耳满是谈笑风生，一切不再冰凉，而是充满温暖。寿镜吾先生仍然穿着长袍马褂，手中捧着一本纸页泛黄的书，神情严肃地教导着孩子们。鲁迅还是稚嫩的孩童，坐在木桌前听着先生讲课，桌子的“早”字清晰的如同方才镌刻上的。好不容易等先生睡着，便与同伴们偷跑出教室，融入自然，那是碧绿的菜畦，光滑的石井栏，高大的皂荚树，一个明媚的童年。狭长的过道上白炽灯悠悠发出黄色的光，人影绰绰，眼前是漫长的隧道通往时间的尽头——孔子已在风雪交加的夜晚，唱着黄酒，细细嚼着茴香豆，感叹命运的不公，鲁迅日本留学归来弃医从文，在满天乌云之下，提笔抒发满腔热血。时光尽头鲁迅故里屹立着，柯岩诡谲，日落碧波。

循着空灵悠远的梵音静静地朝着千年古佛像走去，转瞬回眸间，世间浮云已散尽。一沙一世界，一花一天堂。一树一菩提，一叶一如来。厚重的经文精细的镌刻在石壁上，人声回响，如同身处空灵的山谷，宁静的禅意弥漫在青山绿水之间。

日光在叶间零碎，无云的天空碾成一张脸，星叶为眉，披风为发。暖暖的午后阳光从背后的山顶上流泻下来，金黄色的日光点燃了空中每一粒尘埃。微风轻拂，一潭碧水轻轻皱起了秀眉。潭的中心，一尊以石雕刻的佛像静静俯视着尘世间，祥和庄重。石像经岁月的冲洗已有些斑驳，那仿佛是造物主在上面。精细的雕刻，散发出原始、纯粹的气息，依着青山，傍着绿水而建，宁静的古刹隐隐约约出现在枝叶的缝隙间。石刻的青灯静静地在路旁燃烧着岁月，与杂草相伴。“天下第一石”伫立在风沙雨雪之中数千年，以高傲的姿态直指蔚蓝的天空，铮铮傲骨在奋力呐喊，倒像是与鲁迅“横眉冷对千夫指，俯首甘为孺子牛”相呼应着，为绍兴的厚重历史锦上添花。

黄昏从大地的四角涨潮般涌起，从枝丫吹过的风清凉的如沙漠中的一滴眼泪。青山仿佛远在地平线之上，清晰的轮廓被风吹散，隐于模糊的天际。山水画般的灰色颜料不知不觉中渲染着天空，日光渐渐暗黯，余晖把浅薄的云层镀上了金黄，仿佛融化了黏在一起的样子。水面绵长得如同丝绸，又像淡绿色的漆被孩童调皮的倒入水中。纵有微波，也无半点裂痕。一轮圆日橘红的光倒映在水面，向远方无限的延伸，以光铺成水面金色的桥通往天际。倏然，洁白的身影掠过水面，带起晶莹的水珠，天地一沙鸥。古栈道横卧在碧浪上，任夕阳轻抚他的脸庞，与天地融为一体。

一望无际的平原，地平线上将落的太阳，灰瓦白墙的村落镶嵌其中，袅袅炊烟缓缓升起。在这江南水乡演绎着“大漠孤烟直，长河落日圆”的恢宏气势！兰亭一序，会稽山阴“仰观宇宙之大，俯察品类之盛，所以游目骋怀，足以极视听之娱，信可乐也。”

一道曲水，从苍翠的会稽山下流出，一千六百余年绵绵不息，流出一地碑林、石刻。流成了兰亭。入一道篱门，便是一片竹林，清风阵阵，绿荫婆娑，顿生幽深清寂之感。亭台楼阁隐没于山林，却非金碧辉煌，流光溢彩，房舍水榭简洁素淡。一路寻来，鹅池、兰亭碑亭、流觞亭、墨华亭……古雅的建筑，精湛的碑刻无不散发着儒雅的翰墨风韵，中华文化的血脉如流水，搏动在翠竹清水之间。

公元353年春，东晋文人受王羲之邀请，来此共同参加“曲水流觞”的集会，羽觞随清澈的流水而下，时而在水涡中打着转，诗友列里曲水之边，羽扇纶巾，谈笑风生，逸兴遄飞，诗思涌潮。醇香的酒和纯净的水，流成一首首动情的诗篇。王羲之乘着月光，怀着醉意，挥毫疾书，畅快淋漓，文字在笔下流淌，创造出一种天地万物客观之美与主观审美感情相结合的形态。

曲径通幽处，青石，生苔。漫步间，已穿越千年。古老及文明，黑白即灿烂。倾听，诉说，别样的故事。

二、勇于在学习过程中利用学科知识进行分析

应用所学的学科知识分析研究而取得信息，就是知识的应用过程。我们很难区分信息的获取和应用的过程，尤其是它们被描述出来的时候。往往我们在搜集信息的时候，也就同时在应用知识进行信息取舍和分析，这两个过程的本质是一个过程的两个方面。除去上节展示的三个角度的信息收集过程，本部分展示的信息收集和知识应用主要集中在史书典籍的阅读与分析

上。两位同学的文章层次有深浅，思路有差异，各有特色，有各自的代表性。

张良智与陈平谋

孙淑瑶（2017级高一103班）

秦末汉初，英雄辈出，武有力拔山兮气盖世的霸王项羽、用兵如神的韩信，而文就不得不提以智而决胜千里的张良、以谋而安邦定国的陈平。

张良和陈平都是刘邦的开国功臣，而《史记》记载刘邦在完成霸业后，做出了如此评价："夫运筹策帷帐之中，决胜于千里之外，吾不如子房；镇国家，抚百姓，给馈饷，不绝粮道，吾不如萧何；连百万之军，战必胜，攻必取，吾不如韩信"。"汉初三杰"却丢了陈平，其原因只在于两个字——"智"和"谋"，张良用的是智，而陈平用的是谋。

这一智一谋，似乎从出生就是命中注定。张良出身于官宦世家，门第高贵。却因嬴政灭了韩国，国破家亡，从此走上了一条漫漫复仇之路。而陈平是平民，在社会分层中处于中下层、底层。每个人的价值体系与其人生经历、生活环境和家庭出身有千丝万缕的联系，所以，张良的气质源自于高贵的出身，优势的文化教育，而陈平则从小就培养出精于世故、八面玲珑的价值体系。张良是个君子，做事光明正大，光明磊落。而陈平的计谋，一般都是比较阴暗，说不出口的，自然始终提不上台面来，这也就是张良被更多人所称颂的原因吧。

抛开大众的看法，回归《史记》，从司马迁对张良和陈平评价的字里行间，却似乎对陈平的评价更高些。《留侯世家》中道"余以为其人魁梧奇伟，至见其图，状貌如妇人好女。盖孔子曰：'以貌取人，失之子羽。'留侯亦云。"司马迁认为张良之功劳，有如神助，而《陈丞相世家》中道"定宗庙，以荣名终，称贤相，岂不善始善终哉！非知谋孰能当此者乎？"他不仅说陈平能自免于祸，能得善终，还指出陈平志向远大，有才智和谋略，能安定汉室。如此的二人，我们又该如何看待呢？

鲍鹏山先生说张良是“绵软的剃刀”，看似柔弱却刀刀直插心脏，而陈平则是“黑暗的囊”，让众多英雄好汉翻了船。从为人方面看，我们应当学习张良，身为一代豪侠，他忠心耿耿，智勇双全，当历尽千辛万苦，打下咸阳，进入秦宫，刘邦纵情享乐的时候，是张良出面劝刘邦克制，还军灞上，当然其中有全局政治考量的原因，但遮掩不住他人品高贵，道德高尚的光芒。他功成身退后留给世人一个潇洒的背影，超度了自己，也超度了天下。陈平的战略头脑，确实令人刮目相看，他的那些计策在很多次紧要关头让刘邦死里逃生，让人拍案叫绝。他无所畏惧，又尚有自知之明。一个人，一个生于封建时代的人，不管他做了些什么，只要是顺应了时代，推动了历史，他终会被历史所铭记。张良陈平，一智一谋，各有所长。但要论最后的赢家，也莫过于刘邦了，他以张良为师，以陈平为剑，完成霸业后，将如此两个背影，留予后人评说。

晁错之错

宋心悦(2017级高一103班)

摘要：晁错可以说是西汉时期的一位忠臣，他辅佐了两代皇帝，却因削藩而死，成为了文景时期最大的冤案。他究竟为何而死？他的死到底有无意义？作为一个优秀的智囊、一个政论家晁错是成功的，可他真的适合当一个政治家吗？他的性格又在其中起到了什么样的作用？

关键词：晁错；景帝；削藩；七国之乱；郡国并行制

晁错，是穿着朝服被腰斩于东市的。宣旨的中尉陈嘉告诉他要去开会，于是晁错便穿上朝服上了马车，马却拉着车子到了东市刑场。之后，晁错家族的男女老少也全部被诛杀了，就是说晁大人都没有机会和家人道别。罪名是“亡臣子礼，大逆不道”。经景帝同意后，立即执行。没有审判，也没有给他辩护的机会，仿佛只是杖杀了一条狗。如此处决一个位列三公的御史大夫，可见在当时事情已近到了非常紧迫的程度，大家都乱了阵脚。他的罪名在当时算很大，但大家都知道这不是他被杀的真正原因。七国作乱，晁错做了替罪羊，但若从他的过往人生和性格来看，死于非命似乎是他躲避不过的宿命。这一切要从他力主削藩开始。

一、太子智囊平步青云

晁错的升迁路线是一条典型的书生式晋升道路。他年少时在轵县向张恢先生学习申商之学。汉文帝时因精通文学被任命为太常掌故，即太常寺（汉朝太常掌礼仪祭祀，为九卿之一）里的一位小吏，级别百石。在任太常掌故时，晁错遇到了让他时来运转的一件事。由于秦始皇焚书坑儒，大量百家经典被毁于一旦，到了“孝文帝时，天下无治尚书者”，只剩下一位“故秦博士”伏生已“老不可征”，只能选派可造之才往受之，选中之人正是晁错。学成归来，晁错学问大涨、名声大噪，受文帝赏识被任命为太子舍人、门大夫，后升为博士。之后，上《言太子宜知术数疏》，拜为太子家令。加之他学贯儒法、多才善辩，深得太子刘启的喜爱与信任，太子家人更称他为“智囊”——“言其一生所有皆是智算，若囊橐之盛物也。”

晁错在太子府时，不仅尽职尽责辅佐太子，还屡次上书言事，为巩固西汉政权献计献策。其中最著名的就是“言守边备塞，劝农力本，当世急务二事”。

（一）守边备塞

秦汉之际，匈奴南灭楼烦、白羊；东破东胡；西攻月氏，征丁零、坚昆等部，建立了强大的奴隶制军事政权。匈奴多次深入边地掠夺奴隶和财物，尤其汉高祖刘邦“白登之围”后，匈奴变本加厉。在这种形势下，晁错向文帝上了《言兵事疏》。

他分析了汉军在用兵、地形及武器的情形和双方特点，提出了灵活机动的战略战术，特别强调精兵、良将、利器以及君主择良将的重要性。最终提出了“以蛮夷攻蛮夷”的最佳解决方法。文帝表嘉奖，但并未采纳。接着，他又向再次上书，提出积极防御的建议。

在《守边劝农疏》中，他认为秦代戍边失败主要犯了三个错误。其一，动机不纯。秦始皇重在满足贪欲开疆拓土，而非保卫人民。其二，方法不对。调派内地军民，长途奔袭，劳民伤财，不见成效。其三，政策不好。戍卒有万死之害，亡铢两之报。导致军民视疆场如刑场，戍边为送死，终激起民变。所以他提出“移民实边”的主张。又在《募民实塞书》中对安置边民提出了具体的措施，用赎罪、授爵等方法鼓励内地移民屯垦戍边，让他们住有所居，居有所养，养有所依。平时耕种，战时出击，视卫国为保家，保境安民，一举两得。这个政策为文帝所采纳，不仅在当时起到防御匈奴的作用，而且开了历代屯田政策的先河。

（二）劝农力本

面对汉初以来，“法令抑商，而商亦重，重农而农亦末”的现象，晁错在《论贵粟疏》中分析了商人与农民的矛盾。商人大量聚集财富，造成农民与商人生活反差巨大，农民不断破产。同时，商人经济上的富有，为他们赚取了政治上的资本。这一切必会对社会农商思想产生很大的影响，造成商业和农业争夺劳动力，农业萧条，粮食储备量不足，不利于社会稳定，给汉王朝的长治久安埋下了巨大隐患。

对此，他提出了“重农必贵粟，重农必抑商”的“贵粟之论”，刺激农民的积极性，让农民回到土地，开始新的生活。主张“纳粟授爵”。不仅如此，他还建议采取“务农桑，薄赋敛，广蓄积”的惠民政策。这些主张均被汉文帝所采纳。

晁错的一系列改革措施，给西汉带来了稳定和繁荣。为汉初的经济发展和“文景之治”奠定了重要的物质基础，更为日后汉武帝的军事决策提供了物质保障。

（三）文学成就

晁错与同时代的贾谊都是汉初政论散文家，并称为西汉初年最有头脑的政治思想家。他的政论文疏直激切，逻辑严密，说服力强；文风朴素无华，但质实恳切，有“西汉鸿文，沾溉后人，其泽甚远”的称誉。

晁错的思想兼采儒法，法家理念使他的政论文往往充斥着冷峻的历史审视和精辟独到的理性分析；儒家情怀使他的政论文尽所欲言疏直激切，洋溢着匡时救弊的热情。他的政论文深识幽显，见解透辟，能切中要害，剖析利弊。同时，在字里行间透露出对大汉气象的热情赞颂，具有历史的厚实感而在意境上更为壮阔，体现出历史上升时期的风貌。

汉文帝十五年（前165年），晁错被推举为贤良。汉廷策问中，晁错的回答（即《举贤良对策》）深得文帝嘉许，由太子家令升为中大夫。

二、位列三公力主削藩

汉文帝后元七年（前157年），文帝去世，太子刘启即位，晁错也开始了他政治生涯的辉煌时刻。先提拔为内史，后又提拔为御史大夫，位列三公，正式昂首阔步地迈进了朝廷顶层决策圈。此时的他手握重权，终于可以力推他酝酿已久的改革之策——削藩。

历史终选择他来唱削藩这场大戏的主角。可惜，历史选错了人。

为什么要削藩？

（一）汉初郡国并行制

分封制，到春秋战国时期弊端已经暴露无遗。秦一统天下后，彻底颠覆了旧制度，在全国范围内行郡县制。“天下一统，四海一家，中央集权，分权管理”，上有中央政府，下有各级政权。这种国家制度，一直延续至今。可新制度的建立不是一蹴而就的事，秦二世而亡，郡县下的百姓对起义一呼百应，这对当时社会的思想造成冲击——“废除对勋贵和皇室子弟等与帝国命运息息相关的分封，是否正确?”

刘邦在垓下击败项羽，建立西汉政权。新的帝国既然建立，首要任务就是维系统治。汉承秦制，在中央建立三公九卿制。在地方，汉高祖刘邦认为秦二世而亡的原因之一，就是未行分封；更重要的是，秦末天下群雄逐鹿，新崛起的权贵已经取得了一些成就，这些既得利益者是不可能放弃这些权益的，若贸然取消他们的地位，极有可能爆发叛乱。可刘邦也需要中央集权，于是乎，出现了一个折中的方法：郡国并行制——在天子直辖的“畿辅”设郡县，由中央政府统一领导；畿辅之外封王侯，可以自行治理自己的王国。这些国家就叫藩国，也就是要他们充当中央政权的屏障，即“藩”（篱笆的意思）。它的实质，是汉初探索帝国行政体制的一次妥协性的实验，是新旧两种制度讨价还价和政治妥协的结果；是需要，也是调和。

西汉初年，先后分封的藩王共计有二十余位。为了防止异姓王叛乱，待中央政权逐步稳固，兔死狗烹的悲剧上演了。收回异姓王封地，大肆分封刘姓子弟。并规定，非刘姓不能封王。都是自己家的人，那应该不会造反了吧，于是刘邦很安心的去世了。

（二）郡国并行的隐患

虽然在汉初，同姓诸侯王在拱卫刘氏政权，特别是打击诸吕作乱事件上起到重要作用；也曾改变汉初经济状况，为“文景之治”到来奠定基础。但事实证明即使是同姓王也不是那么可靠。

刘邦的想法很好：这是我刘氏的江山，我分封刘氏的子弟为藩王，当有叛乱颠覆刘氏政权的时候，刘氏子弟就会群起而攻之，保卫大汉王朝。可要是刘氏子弟想要篡位呢？他是打下江山的开国皇帝，威望极大，藩王全都受封于他；且分封的都是跟随他的叔伯兄弟和他的儿子们。自然对他唯命是从，全力保护皇帝安全。就是有什么不臣之心，也不敢在他面前表现出来。但二三世之后，诸侯王与皇帝的血缘关系渐行渐远，凝聚力也逐步松散，这一切可就不好说了。

吕氏的覆灭，给了汉文帝即位的机会，可这并非“子承父业”的传统继承模式。众多藩王对汉文帝是口服心不服的，他们中要不是立有军功的叔伯长辈，要不就是他的一众兄弟。既然刘恒可以当皇帝，他们为什么就不能当皇帝呢?

况且汉初的藩王可不是后世明清的安乐王爷，而是上马能领军，下马可安民的实权王爷。他们有自己的领土、政府、军队和财政收入，就是一个个“国中之国”。

在战乱年代，他们是拱卫中央的重要力量；但在和平年代，却是麻烦至极的“不稳定因素”。一方面，藩王的统治区域扩大，与中央政府形成了本末倒置的局面。另一方面，藩王的权限过大，使得中央政府对他们的控制受限或完全失控。藩王势力逐渐增强，足以形成与中央分庭抗礼的政治经济势力，甚至开始相互勾结，谋求帝位。汉文帝时就出现了四起规模较大的藩王叛乱事件。一旦他们联合叛乱，中央军队也不能保证完全胜利。难道到时指望各郡县郡守县令，组织人民起兵勤王吗？他们只是汉王朝的臣民，忠于汉王朝，至于是哪一位当皇帝对他们来说并没有什么差别。

卧榻之侧岂容他人酣睡，长此以往，必会尾大不掉，威胁皇权。削藩之举势在必行，只不过是时间和方式问题。

（1）削藩之策。力主削藩，无疑是忠于汉室、维护汉王朝封建秩序的正确政治主张。晁错很坚定的站对了队。这是大战略的有智之士，于国于天下大有利焉。此时的景帝刚刚继位，并不想做一个守成之君，与晁错一拍即合，于是，一场规模空前的革命号角，从大汉朝廷吹起，席卷了数十个藩国。

首先，楚、赵、胶西三国被罗织罪名削去了封地。晁错又专门针对削藩修改相关法令三十条。一时之间，诸侯王人人自危，反响剧烈，他们恨透了晁错，恨不能寝其皮食其肉。就连他父亲的苦苦哀求甚至自尽，也没能动摇他的决心。他又削掉了吴王的豫章、会稽二郡。

削藩，可并不是那么简单的事。又有哪个诸侯王愿意被“削”呢？就如同到嘴的肥肉被生生抢了去，谁会愿意，甚至会逼得他们狗急跳墙。

（2）七国之乱。政治斗争是最残酷的事，没有什么妥协与缓冲的空间。削藩一事风云变幻，吴王刘濞也不是等闲之人，自然不会傻到坐以待毙，况且他也早有反心。景帝是太子的时候曾打死吴王刘濞的太子刘贤，从此结下了仇怨。刘濞的吴国，地处长江中下游，鱼米之乡，富饶之国；吴王煮水得盐，煎矿得钱，富可敌国；广散钱财、筹建军队、豢养死士。只不过之前没有万无一失的把握，他不会贸然造反。

公元前154年正月，削藩令下达十天后，吴王刘濞联合楚王刘戊、赵王刘遂、胶西王刘印、济南王刘辟光、胶东王刘雄渠与淄川王刘贤，打出“清君侧，诛晁错”的旗号向长安进军，史称“七国之乱”。吴王刘濞从广陵起兵后，西渡淮水，与楚兵汇合，奔梁国而来；赵国将队伍集结在封地西界，等待与吴兵汇合西进，同时约匈奴联军犯汉；胶西、济南、胶东、淄川四国包围了齐国的都城临淄。一时间，朝野震动，叛乱进展之快，令朝廷始料未及。形势危如累卵，这是汉王朝建立以来第一次爆发如此大的战争，几乎动摇了整个大汉王朝的根基。

三、简述晁错其人及其死因

天下人为晁错死于非命而扼腕叹息，但他招致这飞来横祸与他自身有着很大的原因。

（一）不善于处理人际关系

景帝即位后，晁错春风得意，深受倚重，“宠幸倾九卿，法令多更定”。许多重大法令的更改，只需要他和天子的一次私聊，就可一锤定音。晁错在成为炙手可热的权贵的同时，也在颠覆着朝廷的固有秩序。许多大臣对这个一路青云直上的晁错本就心怀不满，再加上晁错并不善于处理人际关系，使得关系更加恶劣。

比如宰相申屠嘉，晁错因去内史府出入不方便，就在太上皇庙的围墙上凿开两个门向南出入。这当然属于大不敬，申屠嘉想由此诛杀晁错。但景帝公然为晁错开脱，申屠嘉因此一病不起，吐血而死。这可是当朝宰相，更是跟随高祖打天下的功臣。况且他为人正直、廉洁奉公、嫉恶如仇，连文帝宠幸的邓通都敢直接问罪，在朝廷中有着很高的威望。晁错还得罪了景帝之母窦太后的侄子窦婴。其实就连最后向景帝建议诛晁错，使景帝决定弃卒保车的袁盎虽不是完全公正无私，但并不是小人。他直言上谏、宅心仁厚，甚至为当年与自己有过节的周勃辩诬，更不是心胸狭隘之人。连正直的朝臣都因此憎恶晁错，这使得他在朝中十分孤立。

（二）晁错的性格

晁错与同僚的不和，除了政治上观点不同，主要是因为他的性格。《史记》《汉书》中都说晁错为人“削直刻深”。“削”，指严厉；“直”，指刚直；

“刻”，指苛刻；“深”，指心狠。这样一种性格的人能讨人喜欢吗？

晁错更重要的一点是执着，他是为了理想义无反顾一往直前的人。这样的性格往往受人尊敬，他能够为了自己的政治抱负和理想不顾一切，有执着探索的精神。作为一名学者、证论家，执着的精神是好的。但作为一个政治家，在古代的朝廷斗争中，光有这样的精神并不能成事，反而会使全族跟着自己一起丧命；他需要的是审时度势，坚持而不失灵活，妥协而不失原则。可惜，他并没有，他只知道依靠天子宠信，不会韬光养晦，急功近利，头脑中只有“该不该做”不考虑“能不能做”，以及是“现在就做”还是“将来才做”。至此，他无可救药地为自己的人生结局埋下了悲剧的伏笔。

（三）一个书生的改革梦

晁错想成为一个政治家。可惜事实告诉我们，优秀的僚属未必能华丽转身成杰出的政治家，他只适合当证论家。

一方面是他的性格原因；另一方面，所谓“古之立大事者，不惟有超世之才，亦必有坚忍不拔之志”，晁错有超世之才，却不具备坚忍不拔之志，更没有“事至不惧，而徐为之图”的谋略。苏轼认为削藩需要三个条件：“前知其当然，事至不惧，而徐为之图”。晁错的削藩策略，提出了削藩的必要性，却未论及可行性，没提出可操作方案。

这绝非凭着自己的一腔热情就可以进行的。倡议削藩，可他事先并没有周全的谋划。他看到了削藩可能导致的后果，但除了“削之亦反，不削亦反。削之，则反了亟，祸小；不削之，则反迟，祸大”，这句话以外，他并没有任何具体措施，来应对藩王叛乱，对削藩遇到的困难明显估计不足。

七国之乱爆发后，他更没能做到事至不惧，处惊不乱，应对有方。这成为了压死他的最后一根稻草。困境错叠中，景帝心急如焚，询问晁错有何办法。晁错却表示，他对打仗这种事并不在行，景帝应该去找武将商量这件事。接着他又提出让皇帝亲征，战场凶险，让一个没有任何军事经验的皇帝到前线；这也就算了，他还提出自己替皇帝留守京城。自己主张的削藩，不仅没有任何具体应对之策，还主动将安全留给自己。晁错的智囊形象，在景帝心中轰然崩塌。

接着他又出了一个馊主意，杀袁盎。在如此关键的时刻，不急匡救，还四处树敌，欲报私仇。其实袁盎早已不在朝堂，现在公报私仇毫无意义。结果消息还让袁盎知道了，袁盎在窦婴的帮助下，面见皇帝，提出“方今之计，独有斩错，发使赦吴、楚七国，复其故地，则兵可毋刃血可俱罢”。由于晁错糟糕的人际关系，再加上提出的馊主意引起了群臣不满情绪的反弹，不止袁盎一人，朝廷众臣都赞成杀晁错，丞相陶青、中尉陈嘉、廷尉张欧更是联名弹劾。

同时他太过天真，他以为依靠天子可图天下事，可他不过是景帝手中改革的一把刀而已，为了自己的利益，景帝会毫不犹豫的牺牲晁错。

（四）晁错的死有无意义

诛晁错不过是个借口，精心准备了几十年，一朝起兵，吴王怎么会轻易放弃？这么说晁错不仅死得冤，也并没有达到兵不血刃的解决七国之乱的作用。但我认为，晁错的死并非毫无意义，特别对景帝来说。

第一可以平息朝臣怨气，促进内部和谐。

第二让七国叛乱师出无名，赢得其他诸侯国支持。晁错之死，让吴王没有了借口，成为了一场不加掩饰的叛乱。在人心向汉的情形之下，处于犹豫观望的诸多诸侯王也会权衡利弊，不想与叛军有瓜葛，甚至会为显示忠心，主动攻击叛军，这大大增加了景帝平叛的胜算。

景帝在危局前，凭借着晁错的人头和鲜血，凝聚了百官之力，参透了藩王之心，通过了这次削藩带来的考验。

纵观晁错一生，他忠心体国，多有真知灼见；顶着得罪众藩王的风险，力主削藩。他是汉初著名证论家，力主“削藩”，不讲时宜，不权衡利弊；同既得利益集团的斗争，不讲策略，不苦心研究应对之策。他错在急功近利，错在狂妄自信，错在过于天真，错在只有满腔抱负，却只知一往直前。加上袁盎的建议，景帝的舍弃与利用，最终葬送了自己的性命。

或许，他成为政治家就是一个错误。不过，这应该也算是为了他的政治理想而死，只不过加上了全家人的性命。梦想火中取栗，实在不能算作是明智之举。

三、模拟议题设定，培养学科思维，内化学科素养

高中学生直接从事改造社会的实践几乎不可能，但可以通过特定的模拟活动锻炼参与的能力和勇气。近年来全国各地有模拟联合国、模拟政协、模拟商业等各种有益的活动，带领学生有选择的参与是一件很有意义的事情。十年来我连续参与过各个层次的相关活动，并要求学生写记录留反思，展示学生思维，引导思维培养与能力展示。本节只选取了两篇记录最近一年学生的活动记录与反思总结，相比于数百人次的活动也只算沧海一角，但也是一种展示。

拥有现在，相信未来——环球令德模联之行

季靓（2017级高一103班）

8月12日晚23：00，我们一行人结束了北京的模联（模拟联合国）之行，短短五天，有担忧的痛苦，有彷徨的迷茫，有苦尽甘来的疯狂和喜悦，有永不言败的执着。

一

还记得初到时的意气风发吗？8月8日上午，我在QQ空间里发了一条说说“NEVER SAY NEVER（永不言败）”。这句话伴随着我五天所有的欢笑和泪水，我相信，五天过后，它还会直伴随着我。

五天的模联之旅，就像一场逆行。蹩脚的英语，难以捉摸的国家立场，咄咄逼人的对手……这一切就像一座看似不可翻越的高山，但我们仍然决定迎难而上，三个日夜的通宵，潦草解决的三餐，队友们互相的鼓励和帮助，靠着这些，我们成功了！

关于成功，或许我并没有在会场上取得很大的影响力，也没有拿到梦寐以求的奖项。但我想，人类的成功并不仅限于此，精神上的胜利才是最值得自豪的。

我们是胜利的，因为我们相信过程，相信努力，相信不到最后一刻不放弃，相信未来我们还要这样走下去

感动总是来得很突然，比如说在凌晨两点的时刻，宿舍楼里没有一个房间关了灯；在中午十二点的食堂里，代表们一边吃饭一边用手机写着文件；在会场上的每一双眼睛里都透露着的疲倦和坚持。

我相信，我们是胜利的。

二

8月12日下午13：00，我坐在送我们去北京南站的大巴车上，也许是司机有意而为，汽车上的音响放着离别的歌曲，车驶出校门，门口还未散尽的代表和主席微笑着向我们挥手告别，但那笑中分明有着不舍的泪水。

五天，来自天南海北的我们彼此相识相知，代表们大多只有十六七岁，主席们也不过二十出头的年纪，我们很快便混熟了。

感谢相遇的每一个你，我忘不了当我为自己不好的口语苦恼的时候，有一位代表告诉我他学英语的方法，并为我翻译总结会议的内容，当我为本国的立场纠结不已的时候，身为别国代表的他为我的立场提供意见。我忘不了条件艰苦但满溢着温情的公共浴室，来自五湖四海的女孩子们一边抱怨着水温的不稳定和水卡使用方式的奇怪，一边畅谈家乡的风物和学习上的感想。一位代表告诉我说她来自德国的一个高中，在那里，模联被作为一门课程来学习，她还告诉我，她们的假期虽然没有书面作业，但诸如参加模联这样的社会实践活动不在少数，要完成这样的一份作业也是需要颇费心思的，女孩子们会互相帮忙拿衣服、调水温，教别人使用水卡。四个夜晚，浴室里总是充盈着温暖。

我忘不了主席对我们的照顾，我因为语言表达能力欠佳而很少发言，四位主席总是轮流找我谈话，鼓励我多说话，他们会在凌晨给我发短信提醒我

看dr(决议草案)，但得知我看dr需要很长时间之后，他们又会立即提醒我早点睡觉，注意休息。我感谢相遇，同样也感谢别离。在这些模联同仁们的身上，我看到了许多优秀而又可贵的品质，同时也认识到了自己的不足，我下定决心，回去一定要练好口语。另外，更为重要的一点是，我曾经因为自己就读于当地最好的一所中学的文科实验班而沾沾自喜，没想到，山外有山，人外有人，我想我该加快前进的脚步了，就像一位代表所说“想玩的时候，你就想，我这个样子能考上某某大学吗？我这个样子能实现自己的理想吗?”之所以感谢别离，是因为我相信别离总会重逢，我相信，我们再次见面之日，彼此一定是更好的自己。离开是暂时的，这是上天留下的，让我们努力的时间。

三

8月12日上午，闭幕式上大会的创办人江舟老师发表了讲话，有一句话我很喜欢，“你所要做的是坚持，但你需要妥协，所有的妥协也是为了坚持。”我想这就是模联教给我的。在今后的学习生活中，这句话一定会深深影响着我，我会坚持自己的梦想和选定的人生方向，但我会选择一种不偏激的生活方式。

临走的时候，住我们隔壁的台湾代表团前来告别的小姐姐们递上自己的名片，并热情地送上特产，她们彬彬有礼的样子实在令我们汗颜。还有新疆维吾尔族的代表团，他们在晚会上为我们表演了维吾尔族的舞蹈，还给我们带来了大包小包的果干，他们的眼里充满了热情和友好。

看孩子们吧，我不禁大声呼唤，那些宣扬“台独”的破坏分子，那些制造恐怖的危险分子，他们不惜一切手段切断血脉中的联系，但孩子们用最真诚的笑容，将那联系努力维护着。

暴力解决不了任何问题，解决问题的答案就藏在这些笑容里。这些笑容呢，会在不久的未来开成一朵和平之花。

四

模联教会了我什么？或许很多人会觉得这样的活动是“过家家”，会浪费时间，认为我们这群小孩子是瞎闹了五天。我不这样认为，也许十六七岁的我们提出的意见并不会被采纳，甚至无法在世界上激起一朵小小的浪花。但谁能保证三十年后、四十年后……不会成为现实？

十六七岁的我们正是最好的年纪，我们拥有青春，拥有自信，拥有光荣与梦想，拥有对公平正义的渴望。

我相信，我们中有一些人可能会成为未来的领袖，他们会坚守当年的那份梦想，他们会为此奋斗终生。

我们，相信未来，拥有未来。

这就是模联教会我的，我爱模联！

期待下一次的成长——蔚蓝归来

张紫薇（2011级高一220班）

一转眼，模拟联合国的活动就结束了。精彩的一幕幕好像就是昨天发生的。

还记得刚开始涉足这个活动的时候，懵懵懂懂，什么都不知道。一看到模拟联合国这个名字，就激动地要加入。之前在杂志上有看过关于这个活动的简介，又看到了其他在这个活动中受益匪浅的人们，在我完全不知道这件事难度的情况下，我抱定了参加这个活动的信念。当时的我不知道，“噩梦”就这样开始了……

刚进这个团体，发现其实所有人都和我一样，对这个活动除了名字外，一无所知。当时，带队老师就安慰我们说：“没事的，大家一开始的时候都不懂，弄着弄着就明白了。”我天真地以为就像老师说的那样简单。但是往往现实和幻想的差别很大。

第一次模拟，大家都不认为自己是一个代表，而是一个社团成员。笑场什么的，常常发生。然而随着一次又一次的训练，大家开始认真起来了，每个人脸上都或多或少浮现出了严肃的神情，似乎我们就坐在联合国的席位上呢!

之后便到了报名比赛，虽然这个报名费不菲，但是经过带队老师的解说，我们最终有15个人参加了这次蔚蓝的模联，值得一提的是，通过这次事件，我对于带队老师的解说能力感到深深地佩服！他的具体言辞，我已经记得不太清楚了，但是，我唯一记得的是，听过他的一番分析之后，我立刻有了参加的欲望，而事实证明，不止我被折服。老师说，想参赛的去他那报名，他的讲话刚结束，身边就围了一群人。

报完名后，就开始了最紧张的部分了——准备工作。

第一部分：英语培训。二中里有外教，这为我们活动的开展提供了很大的方便。蔚蓝是一个国际性的模联组织，而联合国的官方语言本来就是英语，所以我们第一需要培训的就是语言。说实在的，对于一个说了十几年地道汉语的孩子来说，英语发言，甚至是英语思考，确实不是一件容易的事，更何况，自从上了高中，我的英语成绩就大不如前了，这让我对于英语的信心有极大的挫伤。说到英语，我头皮都有些发麻，但是还是要坚持啊!毕竟都选择了这条路，那就一定要走下去!

很快，我见到了那位外教，第一映象就是很高大!有一米八几吧，好像外国人都高的。第一次英语培训，我很紧张。我害怕自己听不懂他在说什么，但是结果似乎比预想的好一些，好歹是听懂了50%吧，但还是有很多不理解的地方，对于这个培训，我有些退缩的心理。第一天结束后，我的脑子里一直有两个声音在争吵，一个说：“放弃吧，这东西太难了，有这个时间，还不如在家睡一觉的，就说有课要上，不去了吧，反正不就是个英语么，大不了到时候不发言就是了。”还有一个则完全不同意以上说辞：“怎么能不去呢?这是一个多好的机会啊!既可以为模联做准备，又能提高你的英语水平，你不是一直想去英国吗？不学好英语怎么行？去吧，再难也要上！再说了，你去参加这个活动可不是去打酱油的，不发言？那你去干什么?”

我反反复复纠结了半天，最后还是去了，虽然是有些不情愿的，但是想到父亲听到报名费后眼里闪现了诧异，却还是一口答应了我的场景，我还是决定顶着压力，顶着炎炎烈日，走出了家门。或许正是应了那句话，万事开头难，越到后来，我反倒觉得越简单了，外教说的话我也渐渐地明白多了。从50%到90%，我感觉自己对于英语的信心正在上涨。在我看来这是个好兆头，但一切都不可能那么顺利。

第二部分：背景文件。就在背景文件这里，我跌了重重的一跤。当我看到打印出来的几十张全英文背景文件，我立刻傻眼了。刚培养起来的英语信心，一瞬间全部毁灭了。几十张啊！退缩的心理再次萦绕在我心头，但是都到这一步了，路都走了这么长了，就这样退却，我是怎么都不甘心的。看着手里的材料，我突然想到了一个自以为很聪明的办法，我想到有个东西叫做百度翻译工具。不到一天的时间，几十张的英文材料我就搞定了，虽然百度翻译出来的句子很凌乱，但我还是大致找到了几个关键词。“何必一定要看英文呢，网上关于这个议题的资料多着呢。我就不信我在网上找的没背景材料多！”我这样安慰自己，于是就开始了我的网上寻资料之旅。

像老师说的那样，换着关键词不断地搜，总会收获的。我把寻来的资料统统复制下来，放进了U盘里。很快到了第二次关于背景文件的讨论时间，老师让我们逐个介绍自己的背景文件，我大致地说了关于议题的事件，当然，大部分是网上的资料，而非背景文件，但是我估计差不了多少吧，反正不就是那几个国家闹矛盾嘛。

但事实证明，勤奋比耍小聪明要有用得多。我很“光荣”地被评为了当天表现最差的成员之一。虽然被批评了之后无比的沮丧，但我还是暂时压制住了个人情绪，我和另一个女孩，就是和我一起“光荣”的那位，去找老师。我向老师诉说了我的苦恼，老师当时的一句话我始终不能忘记：“你畏难情绪怎么就这么大呢?”那一瞬间，我有些怔住，是啊，我才发现我的畏难情绪怎么就那么大呢？英文阅读，不过是需要时间长，烦琐，而不是毫无头绪啊！既然可以做，为什么就不做呢？我正值青春年少，我有大把大把的时间，为什么要将这些时间浪费，而不是做一些有意义的事呢?

那一天，令我感触颇多的，是老师关于“无用功”的一番言论。我告诉老师，我当时是筛选了背景文件的一些知识来读，便引发了老师的感叹。“在学习这个领域要做无用功，你现在看起来好像是没什么用，但你不知道指不定那一天它就有用了，人这一辈子总要做点傻事，但也不能一直傻下去，这需要自己把握。你也不用担心你学到最后，觉得什么都是空的，就没有意义了，至少现在你还是达不到那个水准的。你们现在的任务就是学习，一头扎进去学习，不要想太多，要是你们能学成个书呆子，那就不得了了！”顺便提一下，带队老师是我的班主任。

我知道这里老师说的书呆子，不是一个贬义词，而是一个褒义词，指那些只想着学习，不想杂事的人。听到老师最后一句，我不禁有些哭笑不得，这又是一种说话的艺术，一方面说我们有天赋，一方面又是在说我们不努力。

然而，这一番话，倒是让我陡然醒悟。我毕竟“道行还浅”，有些事，我认为无用，可能是因为我没有预料到以后的某种情况。不过人生数十载，各种突发情况不计其数，我又怎么能全部预料到呢？那就做些所谓的“无用功”吧，指不定哪天，它就会发挥巨大的作用了呢！

抱着这个信念，我回家再重新看了一遍背景文件，从一回家一直到凌晨5点，没有休息，没有停顿。最后，眼睛疼的不行，只好去休息了。当然，困是必然的。但每当我挺不下去的时候，我就会想到老师的那句“你们俩今天的表现最差！”一想到了这里，浑身就充满了力量，忘记了困倦。当然，我知道，老师是恨铁不成钢，骂的越多，代表希望越大。而这种希望，对我来说，是一种压力，更是一种动力！或许是出于自尊心，或许是出于虚荣心。总之，我不希望同样的情况出现第二次，所以，我迸发出了极大的热情，熬夜，熬夜，熬夜。总算功夫不负有心人，我成功地看完了通篇背景文件，看完后我的感想是，我估计以后英语考试，再多的阅读题，我也有耐心读下去了，几十页都搞定了，还怕那几行字？看完之后，我再一次意识到我之前错的有多离谱，背景文件里那些第一次被我打上“无用功”标签的文字，对我写立场文件的帮助是如此之大！果然啊，学习没有无用功！

第三：立场文件。对于议题一，我写了两份立场文件，严格意义上来说，我的第一份立场文件貌似在小狗的肚子里。接着前面来说，那次被老师骂了一顿之后就回去看背景文件，休息好了之后突然想起来老师说重要文件要备份，便匆匆忙忙把U盘插进电脑——我的资料都在U盘里呢！然后，惊奇的事情发生了，无论我怎么摆弄我的U盘，电脑上就是毫无反应！我正疑惑着，突然看见旁边两只狗狗睁着大大的眼睛无邪地望着我……一瞬间，我有一种天打五雷轰的感觉，我迅速地过了一遍U盘里有什么，网络资料、日程安排、群里共享、背景文件，数到这里，我松了一口气，都是可以补救的，该在哪里下载大不了再下一次嘛！但是，我突然发现我的立场文件，好像也在里面！

纠结了半天，我只好决定重新写一份，反正之前那一份也不够好。但是老师有说过最近要给我们修改立场文件的，倘若交迟了，恐怕又是一顿批啊！但是，和老师坦白说U盘被狗狗咬坏了，想必还是一顿批。思前想后，我还是决定和老师坦白，这样至少能多一些写文件的时间，总比赶出来的东西好吧！如果不坦白，本来交迟了就要被骂，写的不好还要再被骂，那还不如一次骂完算了。想到这里，我终于下定了决心，说吧！让暴风雨来的更猛烈些吧！

不过我的新立场文件还是在我的纠结中完成了！我小心翼翼地将它发给老师，又在老师将修改好的立场文件发回来的时候，小心翼翼地问道：“老师这篇文件需要再修改吗?”当老师发过来“可以了”三个字的时候，我心里悬着的那颗大石头终于放下来了。那是一种承受巨大压力后的放松，非经历不能体会！

当这一切准备工作结束后，我们就浩浩荡荡地踏上了我们的北京征途！

第一次的会议很有趣，旁边的斐济代表和我很快打成了一片，她参加过一次模联，而我是毫无经验的小菜鸟，就像是打游戏看到比自己技术好的玩家，当然是跟着别人后面混啦！她给我传授经验：“一开始先别发言，到有六七个国家加入发言名单后再举牌子，放心吧，两三个国家发完言后就会有motion（请求）了，轮到我们发言已经是明天的事了！第一天还是观战的好！”我一脸崇拜地看着自信满满的她，心里想："真好，我正想着怎么先熟悉局势呢！她真是老天派来帮助我的啊！"

然而现实和理想总是有差距的。我一直用余光看着旁边的斐济，直到她举了国家牌，我才哆哆嗦嗦举起了牌子，反正我发言在她后面呢，看她一点也没准备，我也按兵不动了。但是直到斐济前一个国家发言完了，都没有人"请求"，这下我可慌了，我虽然准备了发言稿，可是这毕竟不是演习啊！主席估计是看到我们这个不发言的架势，心里有点着急，所谓人一着急就出错啊！主席竟然跳过斐济，直接点到了"我的国家"阿联酋，我当时那个抖哇！但我还是拼命镇定住了，说出了我第一次模联的第一句话："Point！"我大声地喊出了这个单词，咽了咽口水，抖着嗓子说："The…… The Fiji in front of the …… The UAE at …… at the Speaking List ."这就是我的第一句话。

当斐济发言完毕之后，我也尽力压下了我的我的紧张。我正准备开始发言时，突然有个声音出现了"motion！"我松了口气，看来我能明天再发言了，嘿嘿！但是很遗憾，他的"请求"没有通过，我只好发言了，我感觉在我的声音里听不出来紧张，倒有一丝有气无力，很柔和的声音。我忘了自己是怎么度过自己的第一次发言了，总之是一种很奇特的感觉，从我的嘴里，吐出一串顺畅的英语单词，在话筒的润色下，变得很轻柔，很奇妙！一瞬间，我便爱上了这种感觉。

不过话又说回来，我们这个会场真的很有意思，似乎每个人都是来找主席茬的，凡是有"请求"，一律无法通过，同时又没几个发言的。主席纠结地催促我们发言，又是说理，又是请求，但还是没能改变这个局势，发言列表上已经没有国家发言了，当主席问起还有没有人想发言的时候，没有一个国家举牌，主席无奈，问我们要不要再选一次议题，感觉大家对于这个议题没有什么讨论的兴趣啊！但是另一个议题更没有讨论的必要啊。意料之中，我们又一次选择了这个议题，依旧是没有什么人发言，依旧是"请求"过不了，两个半小时的会议过去了，我们就通过了两个"请求"，一个是"请求"休息，一个是"请求"休会。我估计当时主席一定特别无语。

到了第二次会议，这个情况倒是有所好转，发言的人开始多了起来，“请求”也开始有通过的迹象了，但很快，这些发言的人就集中了，就是有的一直发言，有的却整场都不说话，让我记忆犹新的就是那个中国代表，三天的会议啊！一次都没发言，真是让人无奈，当然我们会场像这样的人还有不少，以下称其为“酱油党”，不过积极发言的还是有很多的，比如朝鲜、德国、美国、加拿大等，嘿嘿，还包括我哦！虽然不如他们那么厉害，但好歹每天发个6、7次言，还是不在话下的！关于这个，我觉得还是和英语能力有关，在后来，我和酱油党们的交涉中，我发现其实每个人对于这个问题都有想法，但是英语不好，说不出来。其实我的英语也没有很好，只是我觉得不要怕，错了就错了，改就是了!越是薄弱，就越要努力，只有这样才能提高嘛!

说到语言不通，我倒有一次在这方面闹了笑话，当时我看每个人都很累，便“请求”了一个无组织核心磋商，其实就是休息啦！当时“请求”完了我以为就可以投票了，没想到主席哇啦哇啦说了一大通，然后看着我，我当时就傻住了，主席是个外国人，说话也不知道是哪里的口音，反正是很难听懂，当时我心里就想着，算了，赌一把吧，回答个Yes，反正也不知道她说什么！当我Yes完了之后，所有人都看着我，似乎在等着我说什么，我和所有人就这样僵了5秒，主席又开口了，哇啦哇啦又说了一通，然后又看着我，我当时再次傻住！这又是怎么个情况，别人“请求”的时候，你为啥不说话，到我“请求”你就说这么多呢？我知道前面的Yes闯了祸，虽然不知道是什么样的祸，那这次就说No吧！我的No刚出口，所有人都盯住了我，以一种一口塞下2个鸡蛋的表情！但最后主席还是放过我，开始投票，结果自然是通过了！休息的时候朝鲜的代表走过来和我说（他是个美籍印度人）：“放松点，我第一次参加模联的时候，我紧张到喊我的主席‘妈妈’!”当时我的窘态瞬间就消失了，感激满满占据了我的心底。

每个人对于每件事都有第一次，不要怕出丑，对于任何一件需要学习的事情，每个人都是从不会到熟练的，因此不需要羡慕或嫉妒别人，每个人都是从小菜鸟变成大超人的，只要你有勇气，有决心，努力去做，没有什么是你做不到的！就像身边有很多朋友和我说："我能学好的，只是我现在没有努力而已，只要我努力了，我一定能成功的！"我只是笑而不语，不是质疑他们的能力，而是这个世界上，每个人只要努力了，都能成功，这并不是某一个或者某一些人的特性，因此，这不是我们失败之后应该找的借口，一遍遍地重复只要努力就会成功，不如自己去试试看，说，永远都是空的，做，才是最重要的！

几天的模联很快就过去了，我收获了许多，然而也有些人三天没做过任何尝试和努力，只是无所事事地坐在那里，我为他们感到惋惜，不仅仅是花了钱，而毫无收获。最重要的是，他们失去了一次锻炼自己的绝佳机会，甚至有可能因为这次的失败，而影响到以后他们参加这个活动的信心。我深知这个活动对我们未来的积极影响，如果错过了，对于以后的人生是没有好处的。因此，这一次的无所事事，有可能影响到一辈子，怎能让人不惋惜呢！

这次的模联对于我的意义是很重大的，对于怎样面对困难，对于怎样学习，我都有了一种新的认识和解读，我知道这是一种成长的表现，人的思想就要不断变化，在变化中进化，一步一步完善自己的价值观和人生观。以上就是这次模联带给我的收获，我想模联这个活动一定不只是想要传达这么一点思想，其意义与价值只有通过一次又一次与它的亲密接触，才能慢慢了解，那就让我慢慢参透吧！

期待下一次的模联，期待下一次的收获，期待下一次的成长！

四、情感价值观与思想的表达

"千教万教，教人求真；千学万学，学做真人"。思想政治教育肩负着立德树人的根本任务和培育社会主义核心价值观的重要使命。我们根本的教学目标在于引导学生追求真理，学生最根本的学习目标在于努力做个本真善良的人。学生应对现实生活中的道德冲突，关键在于能否运用本学科的思维方式、思想立场作为"良知"的参照来观察、分析面前的世界。人最终是在情感中获得归属感，表达自己的情感或者思想，是“四维三度”教学结构的最高层次。

爸爸，感谢您为我撑起全世界

季思聪（2017级高一103班）

下午五点半，方才空荡荡的街道像迅速发酵的面团，被各式私家车和眼巴巴地家长塞满。开闸了，小人儿鱼贯而出，大人们蜂拥而上，无数的昵称如蝉鸣般绽放，在空中结成一团热云。

出了校门，你走在我前面。我望着你并不高大的背影，感觉半生时光都凝在你的脚步。那如落花般美好的往事汹涌而来，恍惚间竟已分不清哪个才是真正的你——是五年前送我去打羽毛球，在球场上挥汗如雨却依旧健步如飞的运动达人吗？还是小学每天吃完饭后，在日理万机中依然挤出时间倾听女儿心事的慈祥父亲呢？或是更早一些，能够单手抱起我，带我在游乐场里尽情嬉戏打闹的活力青年呢？抑或是在我还没有出生的时候，在那张光鲜的结婚照中满怀信心想要用并不宽阔的肩膀撑起整个家庭未来的年轻新郎呢？

我没有答案。但我知道，因为有你，一路回忆如画；因为有你，一路繁花似锦。

作为一名文科班的学生，我正处于和几何代数剪不断理还乱的年纪。于是有一段时间我的数学作业本成了惨不忍睹的重灾区——那一道道题目用身上鲜红的“×”号向我无声地宣示着他们遭受的暴行，像一个个被凌辱的俘虏满面戚容的默默饮泣。为拯救我的数学于水深火热之中，你总是在我的“威逼利诱”下叹口气，但最终还是“勉为其难”地接受了我的“不情之请”。不一会儿就“趾高气扬”地把本子放在我面前，得意地开始你了然于胸的讲解：“你把这个对数函数画个图像，这一部分不是在x轴下方吗？”可我怎么能那么轻而易举地听懂？在我们拉扯几个回合之后，你终是拒绝以小学生的智商来解答这道难题，我也不甘示弱地表示对你语焉不详的抨击。不过在你看似随意的指导下，数学还是在于我的一番鏖战之后举起了小白旗。

体育中考前夕，你天天监督我去操场练习。八百米长的跑道，在我眼里总是那么漫长。那一个冬天，我穿着肥厚的羽绒服拖着笨重的身躯，望着在塑胶脱落的操场上自己口中呼出的白雾，感觉自己快要坚持不下去。冷风贪婪的裹挟着我的脖颈，似乎我最后一丝的力量也消失殆尽。我蹲坐在仿佛凝固了的空气中，看着你的身影被吞噬在老茶垢般的天色里。那段时光，你一直陪着我。告诉我不管最后结果怎样，一定要尽力。可每当看到你手握秒表站在起点，我忍会感到隐隐的压力。考试那天骄阳似火，却又奇迹般在发令枪响之前打了阴。跑到最后二百米，我的双腿像被抽空了的破麻袋，软绵绵的用不上力气。可在听到你隔着栅栏传来的那句“季思聪，加油!”后，我拼尽全力向前冲去。最终我跑出了史上最好的成绩，我和别人戏称我是运动界一颗冉冉升起的新星，殊不知背后全是你的默默付出。

要去军训的时候，我坐在大巴车里，透过玻璃窗看见你被飞风吹起的银丝格外扎眼。目光中的不舍和落寞一览无余。爷爷去世的时候你没有哭，可我知道你一直在忍，你想把最坚强最无畏的一面展现给我们。

孩子们总会长大的吧，你想道，就像自己会变老一样。你似乎觉得自己和校园里那些三月就穿着背心打球的小伙子没什么区别。但岁月早已在你的额头眼角刻下一道道深深的皱纹。这时你听见我在桌前背古文，背的是苏轼的“多情应笑我，早生华发。”

亲爱的爸爸，你用你前半生的光阴托着我向上生长，托着那温馨的港湾，托着你几十年不曾懈怠的三尺讲台。我也会倾尽我所能来抚平你为我而起的褶皱，并且日夜祈祷你可以永远幸福。

青春像一场一去不复返的舞会，即使是崴了脚，却还是想再跳一次。亲爱的爸爸，感谢你盛装莅临我的青春，为我撑起全世界，领我走进这个有笑有泪的舞池，陪我从稚嫩跳到成熟，然后你渐渐松开手，微笑着离场。

以父之名

李沐阳（2017级高一103班）

我的父亲是一名工人，工作在那家以这座城市命名的钢铁企业。

自打我上了高中，父亲突然变得严厉了。以前他几乎不过问我的学习，现在却时时要责备我的懒惰，甚至几次动怒。

我知道这是为什么。

去年高考期间，父亲照例接我放学。回家的路上路过考场，骑车的父亲忽然感叹："你爸我当年就是没有机会参加高考。再来一次的话，拼死也要试一把。"初夏的晚风还带着几分凉意，路边挂着的高考横幅向后方拔腿跑去，我看着父亲宽实的背影，发现他的背已微驼。

那天，我第一次听父亲谈起他的少年时代。他说起做学生时年级前几的成绩，说起绝代美女的语文老师，说起篮球足球和百米赛跑，还有彼时女生的迷恋。我想起曾经看到过一张父亲年轻时的照片，其中的小伙子梳着当时时髦的发型，穿着夹克围着围巾，靠在雨山湖的栏杆上正在摘手套。他那时还没有啤酒肚，也还没有剃光头。照片的背面有一行字，是勾画很特别的字体——年少志雄，风华正茂。向前阅呵，风光无限。

可与此同时，我会想起他终究没有高考，而是去上了技校，还有他剃光头的原因——高危高热的放射员岗位，便会从心底涌出一阵难言的悲伤。我偷偷去问过祖父，祖父说，当时家里条件不好，上大学是去花钱，上技校是去挣钱的。我愣了半晌，仿佛又听见父亲的一声长叹。

花雕难醉，蔷薇多刺，海棠无香。尼采说，人只活一次，就像没有活过一样。

我不知道父亲是否有过怨怼，毕竟，我的伯父、他的亲哥高考时，家里的状况是允许的。以至于现在，父亲与伯父，竟是我们这个小城与北京的距离。我曾不止一次地想过，如果当年父亲参加了高考会怎样。也许我会出生在繁华京都中，可以轻松地考入名牌大学，再像堂姐一样从事热爱的艺术行业。然而父亲若是去了北京，就不会遇到母亲，也就不会有我，便终于无计去想了。

我只知道，他是一个尽职尽责的父亲、难得的好丈夫和孝顺儿子。他热爱生活并感恩生活赋予他的一切。五口之家的重担都在他身上，母亲和祖母的分歧，我和母亲的争吵通通都得他来化解。他在会和祖父对酌时回忆往事，他会精心安排祖母的生日，他会在结婚纪念日给母亲制造浪漫惊喜，也会陪我聊一聊《封神榜》。

女儿肖父，基因的力量真的很强大。我与父亲的相像，从外貌身形到性格喜好。我们会在闲时去到乡下，他钓鱼，我写生，几多惬意。我们会在宴席散会的夜晚去KTV，偌大的空空包厢里，他喝酒，我唱歌，几多潇洒。我们可以平静地聊起曾经过不去的坎，他的工伤，我的中考，几多豁达。我决定考文科实验班的时候，才知道他当年学的也是文科。我沉迷军械的那几年满世界地找书，然后猛地在家里发现几大箱《兵器知识》——属于父亲。没有任何人指出，我自己成长着成长着就发现了强有力的证据，证明我和他之间的联系。

我想，像我父一样的父亲一定还有很多很多，那是那个时代里一代人的宿命轨迹。父亲被生活所迫，又终与生活握手言和。高考也是我终将面对的挑战。我当然不会为他而活，但我也绝不会让他失望。我想敬献给他些什么，在重点高中是不够的，在实验班也是不够的。所以我理解他对我的严苛，并且感恩父亲的严苛。是父亲教会了我感恩生活。我相信他会理解我的人生和我所做的选择，我相信他会永远站在我这一边。因为我知道我和他是一样的人。

尼采还有一句话，感恩即是灵魂的健康。那么且容我，将此间灵魂，冠以我父之名。

泪日信条

——以此文纪念那段阴霾下依旧明媚的时光

冯静怡(2017级高一103班)

所有的结局都已写好，所有的泪水也都已启程，却忽然忘了是怎样的一个开始；命运将它装订得极其拙劣，含着泪，我一读再读，却不得不承认——青春，是一本太仓促的书。

——席慕蓉

莎士比亚曾说：“青春时代是一个短暂的美梦，当你醒来时，它早已消失得无影无踪了。”

曾经，一笑而过；后来，辗转反侧；而现在，一路走来，经历的越多，就渐渐在这句话中彷徨、徘徊，最后苦笑、无奈；因为——它好像真的说中了一切。

或许吧。

一样的年龄，有着一样的心情，同是一样的孤独，就这样，不一样的我们，奔跑着，在不一样的青春陌上寻找属于自己的天空。

记忆中那杯叫做“中考”的鸡尾酒，苦涩与甘甜相伴，辛辣与温润交织，编织了青春时代阴霾下依旧明媚的天空。

我从来不是一个乐天派，不会相信所谓“命运眷顾”，面对中考，我的心理压力极大，仓皇失措，仿佛如临大敌。

初三的那一整年，耳畔回响的都是凌乱交织的脚步声和空气中“嗖嗖”的跳绳声。

印象中我问过体育老师最多的一句话就是：“刘老师，我体育多少分啊?”然后每次体育老师就会不胜其烦地告诉我：“你不要紧张，你只是心态问题，放轻松。”

从16年9月份开始，体育中考的大幕好像就提前拉开了。操场上、篮球场甚至是通往学校小卖部的那条路上，都被初三中考大军占领。不知道这是不是一种从众心理，但每个人心里都觉得“别人都在练，我不练，体育分数比别人低怎么行”。现在回想起来，真敬佩那时为了体育中考的每一分而拼命训练的操场上的每一位同学，反观高中的自己，在体育锻炼方面越来越懈怠，真的还不如当时“初中生的我们”勇敢顽强呢。每天放学后，无论严寒酷暑，操场上总能见到熟悉的身影，真好，“原来，中考的战斗，你不是一个人，你的身旁还有那么多朝夕相处的小伙伴们陪你一起去面对。”

令我记忆深刻的是第一次体育模考，作为助理裁判之一，别的班同学的每一次出发都紧紧地扣动着我紧张的神经，面对跳绳和足球的小有失利，我更加慌张；临近尾声的800米测试，当枪声响起后，我奋力向寒风中跑去，脑海里是同学们加油时幽默地叫着的给我起的奇葩外号，耳畔是呼呼的风声，眼前闪过的是一张张激动的、熟悉的脸，当跑到650米时，看着前方聚集的人群，我竟朝着男生终点做最后的80米冲刺。同学们关切地围上来，以为我是因为身体原因中途放弃，并热心地找班主任，渐渐，当我发现其他女生都一个接着一个继续向前跑去时，我开始感到一丝不安，一模的体育模考，冲击了我原本就岌岌可危的心理堤坝，寒风中我脆弱地哭了——我很害怕——虽然，我也不知道自己终究在害怕着些什么？身旁小伙伴们暖心的安慰犹在耳畔回荡，那一个个可爱的小笑话，一句句真诚的鼓励，还有班主任憨憨的劝慰，汇成一股暖流，温暖着寒风中单薄的信念。

紧张的氛围一直延续着，使我倔强着不敢停下。体考前3天，踢足球时摔伤膝盖，后又被同学传球时再次误砸中膝盖；体考前2天，1200米测试、跳绳5组各250个，足球绕桩N组，我继续固执地走着，走着，当跳绳结束的哨音响起，当足球冲过终点，当800成绩有了新的突破，当老师的身影不见，当夕阳余晖落尽，当一切的汗水换来不尽完美的无憾，终于，看着远方的熟悉的天，我是哭了，亦或是笑了。

何其幸运，能够遇到他们！

初中时的班主任，从初一时的生疏，到初二时的亲昵，最后，他如同慈爱的父亲将我们这群孩子送上又一征途，他总是自嘲很“cuo”，我们总嫌弃他上课催眠功能太强大，可到最后，或许连我们都不知道，三年来，这一声一声的“老洪”融入了我们57个孩子对他深深的爱和依赖！他一直是一个很有“魔力”的老师，初一莫名自信地扬言我们班级会比上一届所带出的一个全市探花，三个年级前三十的尖子班更加优秀，他兴冲冲地举着我们班第一次体育运动会“第三名”的锦旗像别的老师炫耀时的那一脸骄傲的神情还历历在目，然后我们班再也没拿过运动会名次，初二上学期期末考试前一百我们班就只剩下了一根独苗“凌乱在风里”。我们也曾羡慕过隔壁几个班长期以来的优异成绩，也曾抱怨和怀疑过他看似松散的治班方法。可是，事实证明，鼓励我们在黑暗中爬起的是他，气喘吁吁想陪我们训练的是他，默默在教室后“闪现”的是他，最后，年仅35岁的他带出了新一届的中考状元，5个前50，更重要的是，就像他在我们临近毕业时操着一口马普所说的那样：“我很高兴，‘ao’，看到我们班的每一位同学，‘ao’，都很善良，心思很纯净，‘ao’，希望你们以后也要一直这样下去，‘ao’”。

初中时的同学们，从来都把彼此当作“自己人”，三年走来，也会有矛盾，会有争吵，但从来没有心理上哪怕是细微的隔阂。现在的我们风流云散，但我依然坚信：我们的心很近、很近。下次见面时我们依旧可以笑称对方“万年不变“的外号，然后继续，若无其事地说笑，仿佛，从未曾分开过一样。

中考前夕，还记得物理课上美丽青春的杨老师与我们的合照，大家紧紧凑在一起，按下快门，傻傻地笑了，黑板上只留下了“中考加油”“十班必胜”，但那时的我们谁又会在乎那么多呢?

大军已至，战事必发。

从前一天晚上的失眠，睁着眼从十点躺到将近一点，到第二天考语文前与班主任和班上某学霸的合照，从理化考试时试卷写完时的手抖，到政史交卷时那长长舒出的一口气，最后，当“英语战役”落下帷幕，我反而变得淡定：初中三年，就这样结束了吧。中考，好像也并没有想象中的那么可怕。

30号那天中午，班主任急匆匆地离开。我们紧张之余不忘“讽刺”老洪——“他肯定是奔去学校接受满堂博彩和作为中考状元班主任的‘bonus’

了”。

当一切按照正常的轨道运行下去时，凝视着屏幕上的成绩，不悲不喜，如此而已。

后知后觉，感觉关于中考的这段日子如同一场梦。梦里阴霾的天空下，依旧出现了明媚的阳光。也许现在回过头来看，没有了当时的心境，感受就会有所不同。但是，客观来说，中考，于过去，这是挑战；于现在，这是财富。无关结果。

中考的信条，泪与笑交杂。它让我们享受为其努力拼搏的过程，让我们体会初中生活点点滴滴的人情冷暖，并为我们人生更长的征途点亮希望，给予温暖——最后，以一颗更加纯粹坚定的心去面向未来的更多风雨。

那些感动的瞬间

张钧羿(2017级高一102班)

时光是短暂的，仿佛抬手一挥，便会逝去。但就在这转瞬即逝的瞬间中，却有着无数的美丽感动着我们，深入我们的脑海，打动我们的心灵。

感动·雨中的温情

“真倒霉，怎么又下雨!”望着天空越来越大的雨，我的心情无比的烦躁和焦虑，嘴里还不停地抱怨着。这天早上，我刚出发上学时天空还一片晴朗，我特意把伞留在了家里。没想到仅仅走了五分钟，老天爷就和我作对。我赶紧加快了前进的脚步，希望能赶在雨下大之前跑到学校，但没有成功。豆大的雨点不断从天空落下，在地面上汇集成了一条“小溪”。我只好找了最近的一家门面，躲在屋檐下避雨。不知过了多久，眼看就要迟到了。突然，一个熟悉的颤抖着的声音传进了我的耳朵。“张……”。我回头一看，只见一个人，披着雨衣，踏着路上的“小溪”迈着急促的步伐想我跑来。纵使狂风暴雨不断的侵袭，他的手里依然紧握着一把雨伞和一双胶鞋。“爸爸！”我惊讶地喊道。他点了点头，将手里的东西一股脑塞到了我的手里。那一瞬间，打动了我，让我无比感动。

感动·冬日的父爱

到底跟不跟爸爸说呢？我站在爸爸的房间门口，心里犹豫不决。这天，老师布置给我们了一项重要作业：明天务必买一本指定的教辅资料带到班级。而我却因放学后一直和同学聊天，把这件事忘得一干二净，直到晚上八点钟才突然想起来。我犹豫了一会，推开了爸爸房间的门。“今天老师让我买的一本书，我忘了。”我说道。爸爸抬起头，望了望我，又望了望窗外。外面正下着鹅毛大雪。“你怎么这么不长记性，下这么大雪，上哪买啊！”爸爸的眼神里充满了严厉。虽然嘴上说不想去，但还是拿起了外衣，甩下一句“我帮你出去看看”便出了家门。我急忙走到阳台，外面的地上早已披上了一层“羊毛毯”。这么大的雪天，电瓶车早已派不上用场，爸爸踩着一足深的雪，迎着刺骨的寒风缓慢地走着，每一步，都留下一个深深的雪坑。即使暴雪无情的打在她的身上，他也没有停下，直到消失在我的视野中。等我再次看到爸爸的时候，他已满身是雪，依稀可以看见他那胳膊间夹着的那本书。那一瞬间，我被这深深的父爱所打动。

感动·同学的情谊

“这次的数学作业太难了！”我嘀咕道。终于我准备靠在椅子上休息一会。这是一个星期六的下午，我在家里写作业，却被几道数学题难住了。“对了，我可以打电话找小王呀！他成绩比我好，这题目一定难不倒他。我走到客厅，拿起了电话。“喂，是小王吗?”“我是小张呀！我有几道数学题解不出来，你能在电话里跟我说一下吗?”“呃——可是我正在吃饭，而且数学作业——我还没写呐!”“哦，那算了。”我失落的挂了电话。回到房间，又开始苦思冥想那一道道数学题了。窗外不知何时下起了小雨。正当我又在为这些数学题抓耳挠腮时，突然听见了一阵急促的敲门声，我急忙打开门一看，竟然是小王。他喘着粗气，拿着还在滴水的雨伞，背着小包出现在我的面前，嘴角有吃剩下的饭粒。“我来和你一起写吧！”他说道。看着我吃惊的样子，他的嘴角还扬起了一丝微笑。那一瞬间，打动了我，使我无法忘记。

这一个个瞬间,这一个个稍纵即逝却时时感动着我的瞬间,我永远不会忘记,它已深深地刻在了我的脑海中,感动了我的心灵。